極樂世界現在說法印 阿彌陀佛像

정토사에 봉안된 아미타불상으로 설법인을 하고 있는데 이는 극락세계에는 아미타불께서 현재 설법을 하고 있기 때문이다. 광배는 極樂世界 聖衆像으로 12광불과 25보살을 봉안 하였음.

- 이상배씨 조성 -

정토삼부경

(無量壽經 · 觀無量壽經 · 阿彌陀經)
附: 臨終念佛 · 莊嚴念佛

韓普光 國譯

여래장

일러두기

1. 이 책은 대정신수대장경(大正新修大藏經) 제12권에 실려 있는 강승개(康僧鎧)의 『무량수경(無量壽經)』과 강양야사(畺良耶舍)의 『관무량수경(觀無量壽經)』과 구마라집(鳩摩羅什)의 『아미타경(阿彌陀經)』을 저본으로 하여 번역하였으며, 고려대장경 제6권과 제11권은 참고로 하였다. 특히 『무량수경』은 香川孝雄著 『無量壽經の諸本對照硏究』(永田文昌堂, 昭和59)를 참고로 하여 범어본과 각 한역본을 대조하였다.
2. 직역을 원칙으로 하면서 독송용이 가능하도록 구어체로 번역하였으며, 독자의 이해를 돕기 위하여 각주를 달았다.
3. 불교방송(BBS) 교재용으로 번역을 하였으며, 강의에 편의를 위하여 중요한 구절은 한문원문을 넣었다.
4. 석가모니불의 말씀은 「 」로 표시하고, 그 외의 다른 말씀은 " "로 하였다.
5. 많은 한글 번역본 중 청화큰스님의 『淨土三部經』(한진출판사, 1980)과 坪井俊映 저, 李太元 역 『淨土三部經槪說』(운주사, 1995)과 김영미 역 『아미타경 무량수경 관무량수경』(시공사, 2000)과 안경우 편역의 『한글彌陀淨土三部經』(이회문화출판사, 1994)을 참고로 하였다.
6. 목차 정리에 역점을 두어 새롭게 科文을 만들었다.
7. 부록으로 臨終念佛 과 莊嚴念佛 의식을 새로 편찬하여 실었다.

서 문

　정토삼부경(淨土三部經)이란 『무량수경』, 『관무량수경』, 『아미타경』을 말하고 있다. 그런데 한문으로 번역된 대소승의 경전이 약 940여부에 달하고 있는 가운데, 아미타불의 극락정토에 대하여 설하고 있는 경전은 약 270여부나 된다. 따라서 불교경전 중 약 3분의 1정도에 해당되므로 아미타불의 극락정토설은 불교에서 차지하는 비중이 대단히 높다. 그 중에서도 중심되는 경전이 정토삼부경이며, 여기에서 하나를 더 추가한다면 『반주삼매경』이라고 할 수 있다. 이와 같은 4부 경전은 염불행자의 소의경전(所依經典)으로써 반드시 수지독송해야 할 불전이다.

　졸납은 아미타불 염불을 발원한지 30여년이 되었으나, 그 동안 정토삼부경을 항상 가까이 하면서도 건성으로 독송하여왔음을 솔직히 고백하지 않을 수 없다. 그러나 대학의 학사업무와 정토사의 도량 가꾸기 등 늘 바쁘다는 핑계로 깊이 있는 연구를 하지 못하여 마음 한 구석이 허전하였다. 언젠가는 정토삼부경에 깊이 젖어들고 싶은 마음에서 벗어나지 못하고 있던 중, 금년 봄에 불교방송국(BBS) 포교제작부 박상필 PD로부터 경전공부 시간에 정토삼부경을 강의해 달라는 부탁을 받게 되었다. 그러나 금년 6월 6일부터 만일염불결사(万日念佛結社)에 들어가기 위해 준비를 하고 있던 중이라서 선뜻 용기가 나지 않아 망설이고 있던 차에 오랜 도반인 방송국의 홍사성 본부장의 권유로 방송을 약속하게 되었다.

　그렇지만 방송교재로 사용할 한글 번역본 정토삼부경을 구하였으나 마땅한 것이 없어 우둔한 지혜임에도 불구하고 부끄러움을 무릎쓰고 경전번역에 착수하였다. 방송은 4월 28일부터 시작되었으나, 정토삼부경 강의 이전에 정토사상을 100회에 걸쳐서 방송하게 되었다. 그 사이에 정토삼부경 번역의 원력을 세우고 4월 2일에 입재하여 7월 3일에 회향하므로써 3개월간에 걸쳐 밤잠을 줄여 가면서 완역하게 되었다.

그러므로 이번의 정토삼부경과 더불어 1998년의 『반주삼매경』 번역으로 정토경전으로서는 가장 중요한 4부경을 완역하는 기회를 갖게 되었다. 번역하면서 특히 중점을 둔 것은 한글본으로도 독송이 가능할 수 있도록 하기 위해 문장의 구조는 구어체로 하였으며, 단어의 선택에는 음운인 리듬을 중시하였다. 특히 부록으로 臨終念佛과 莊嚴念佛: 의식을 편찬하여 실게 되었다. 많은 참고와 지적을 바란다.

본 경전이 출판되기까지 물심양면으로 협조해주신 정토사 사부대중 및 신도회 간부들과 만일염불회 회원들에게 고마움을 전하며, 불교방송국의 임직원 여러분과 청취자분들에게 감사드린다. 특히 원고의 교정과 윤문을 맡아준 여래장(如來藏) 출판사의 이성렬, 조기룡, 김종두 선생들과 출판을 담당해 주신 광진문화사의 혜림(慧林) 유광옥 사장님과 임직원들에게 감사드린다.

이 경전이 많은 염불행자들에게 널리 수지독송되어 신심이 날로 증장하여지고, 온 국토에 염불소리가 끊어지지 않기를 간절히 염원하는 바이다.

불기 2544(2000)년 7월 3일

만일염불결사도량
청계산 정토사 무심당에서
無心普光 합장

目 次

일러두기
서 문

『無量壽經』卷上 11

제1장 서분(序分) 12
제1절 경문의 증명(證信序) 12
　　1. 육성취(六成就) 12
　　　1) 성문대중 · 12 / 2) 보살대중 · 16
　　2. 보살의 수행공덕(八相示現) 17
　　3. 보살의 교화 21
제2절 설법의 인연(發起序) 26
　　1. 아난의 질문 26
　　2. 부처님의 말씀 28

제2장 정종분(正宗分) 30
제1절 극락정토의 발원 인연(법장비구의 발원과 수행) ... 30
　　1. 과거 53불 30
　　2. 법장비구의 발심 31
　　　1) 국왕의 출가 · 31 / 2) 찬불게(讚佛偈) · 32
　　3. 대발원의 인연 37

	4. 법장비구의 선택	39
	5. 5겁의 사유(思惟)	40
	6. 48대원	41
	7. 서원의 노래(重誓偈)	60
	8. 법장비구의 수행	64
	9. 수행의 결과	67
제2절	아미타불과 극락정토의 장엄	68
	1. 정보(正報)의 장엄	68

      1) 10겁 전의 성불 · 68 / 2) 무량한 광명 · 71
      3) 무량한 수명 · 74 / 4) 무수한 대중 · 74

  2. 의보(依報)의 장엄 ························· 76

      1) 칠보수(七寶樹) 장엄 · 76
      2) 법음수(法音樹) 장엄 · 79
      3) 칠보누각과 연못의 장엄 · 81

  3. 정토의 안락 ························· 85

      1) 왕생인의 덕상 · 85 / 2) 걸인의 비유 · 87
      3) 극락대중의 용모 · 89 / 4) 천인의 즐거움 · 90

『無量壽經』卷下 ························· 95

제3절	극락왕생의 인연	96
	1. 범부의 왕생	96

      1) 정정취(正定聚)의 나라 · 96
      2) 삼배왕생(三輩往生) · 97

	2. 보살과 성중의 왕생	100
	3. 찬탄송	101
제4절	정토의 안락	109
	1. 보살과 대중의 덕상	109

　　　　2. 보살들의 공양 ································· 111

　　　　3. 법문의 공덕 ··································· 113

　　　　4. 보살과 성중의 자리이타의 공덕 ············· 114

　　　　　　1) 보살대중의 마음가짐 · 114

　　　　　　2) 보살의 오안(五眼) · 115

　　　　　　3) 보살의 지혜 · 115　/　4) 보살의 마음 · 117

　　　　　　5) 보살대중의 공덕 · 120

제5절　세간의 고통 ······································· 122

　　　1. 정토왕생을 권함 ································ 122

　　　2. 고뇌의 세간 ···································· 123

　　　　　1) 탐욕의 허물 · 123　/　2) 성냄의 허물 · 126

　　　　　3) 어리석음의 허물 · 129

　　　3. 거듭 왕생을 권함 ······························ 133

　　　　　1) 부지런히 정진하라 · 133　/　2) 미륵보살의 찬탄 · 134

　　　　　3) 진리의 요점 · 136

　　　　　4) 의혹중생 변지탄생(邊地誕生) · 138

제6절　오탁악세(五濁惡世) ······························· 140

　　　1. 총설 ··· 140

　　　2. 살생의 악 ······································· 141

　　　3. 도둑의 악 ······································· 144

　　　4. 사음의 악 ······································· 148

　　　5. 거짓말의 악 ···································· 151

　　　6. 음주의 악 ······································· 154

　　　7. 거듭 고통을 설함 ······························ 159

　　　8. 선행을 권함 ···································· 161

제7절　부처님의 큰 지혜 ································· 166

　　　1. 아난의 아미타불 친견 ························· 166

　　　2. 태생의 왕생(胎生往生) ························ 168

　　　　　3. 오지의 의심(疑惑五智) ·· 170
　　　　　4. 타방보살의 극락왕생 ·· 175

제3장　유통분(流通分) ·· 180
제1절　미륵보살에게 부촉함 ·· 180
제2절　법문의 공덕 ··· 182
제3절　대중의 환희 ··· 183

『觀無量壽經』 ·· 185

제1장　서분(序分) ·· 188
제1절　경문의 증명(證信序) ·· 188
제2절　설법의 인연(發起序) ·· 188
　　　　1. 왕사성의 비극 ·· 188
　　　　　1) 부왕을 가둠 · 188 ／ 2) 어머니를 가둠 · 190
제3절　예토를 싫어하고 정토를 구함 ·································· 193
　　　　(厭離穢土 欣求淨土)
　　　　1. 부처님께서 감옥을 방문함 ······································ 193
　　　　2. 위제희의 청법 ·· 194
　　　　3. 삼복왕생(三福往生) ··· 198
　　　　4. 관법의 공덕 ··· 200

제2장　정종분(正宗分) ·· 202
제1절　16관법(十六觀法) ·· 202
　　　　1. 위제희와 대중을 위한 관법 ···································· 202
　　　　　1) 지는 해를 생각하는 관(日想觀) · 202
　　　　　2) 맑은 물을 생각하는 관(水想觀) · 203

   3) 보배 땅을 생각하는 관(寶地觀) · 205
   4) 보배 나무를 생각하는 관(寶樹觀) · 206
   5) 보배 연못을 생각하는 관(寶池觀) · 209
   6) 보배 누각을 생각하는 관(寶樓觀) · 210
  2. 미래중생을 위한 관법 ······················· 211
   7) 연화대를 생각하는 관(華座觀) · 211
   8) 불상을 생각하는 관(像想觀) · 216
   9) 진신을 생각하는 관(眞身觀) · 220
   10) 관세음보살을 생각하는 관(觀音觀) · 223
   11) 대세지보살을 생각하는 관(勢至觀) · 227
   12) 자신의 왕생을 생각하는 관(普觀) · 229
   13) 정토의 잡상을 생각하는 관(雜想觀) · 231
  3. 삼배구품왕생(三輩九品往生) ······················· 232
   14) 상품극락을 생각하는 관(上輩觀) · 232
   15) 중품극락을 생각하는 관(中輩觀) · 239
   16) 하품극락을 생각하는 관(下輩觀) · 243
제2절 법문을 들은 공덕(利益分) ······················· 250

제3장 유통분(流通分) ······················· 251
제1절 경명과 수지법 ······················· 251
제2절 기사굴에서 거듭 설함 ······················· 253

『佛說阿彌陀經』 ······················· 255

제1장 서분(序分) ······················· 258
제1절 경문의 증명(證信序) ······················· 258
  1. 육성취(六成就) ······················· 258

2. 기원정사의 대중 ································· 259

제2장　정종분(正宗分) ································· 262
제1절　극락세계의 공덕장엄 ························· 262
　　　1. 총설 ······································· 262
　　　2. 극락의 의보장엄(依報莊嚴) ················· 262
　　　　　1) 극락의 뜻 · 262
　　　　　2) 극락의 수승한 모습 · 263
　　　3. 극락의 정보장엄(正報莊嚴) ················· 268
　　　　　1) 극락세계의 교주 · 268
　　　　　2) 극락세계의 성중 · 269
제2절　염불왕생 ······································· 270
제3절　제불의 증명과 믿음의 권유 ··················· 271
　　　1. 석존의 권유 ······························· 271
　　　2. 육방불의 증명 ····························· 272
　　　　　1) 동방불의 증명 · 272 / 2) 남방불의 증명 · 272
　　　　　3) 서방불의 증명 · 273 / 4) 북방불의 증명 · 273
　　　　　5) 하방불의 증명 · 274 / 6) 상방불의 증명 · 274
제4절　현세와 내세의 이익 ··························· 275
제5절　제불의 찬탄 ··································· 276

제3장　유통분(流通分) ································· 278

臨終念佛 ··· 279
莊嚴念佛 ··· 305

　색　　인 ··· 329

『無量壽經』卷上

曹魏[1] 康僧鎧[2] 漢譯
海東沙門 無心普光 國譯

---

1) 조위(曹魏): 조조(曹操)가 세운 국호 후위에 대해서 조위라고 함. 이 경은 가평(嘉平) 4년(AD.252)에 번역됨.
2) 강승개(康僧鎧): 康은 康居國 출신임을 가르키고 僧鎧는 범어로 Saṃgha-Varman의 음역이다. 이 전기는 『梁高僧傳』에 있음.

제1장 서분(序分)

제1절 경문의 증명(證信序)

1. 육성취(六成就)

이와 같이 내가 들었다.

1) 성문대중

어느 때 부처님께서 왕사성 기사굴산3) 중에서 계셨는데 대비구 스님 일만이천인과 함께 하시었다. 이들은 이미 육신통을 통달한 대성인들로서 그 이름은 요본제존자(了本際尊者)4), 정원존자(正願

---

3) 기사굴산: Gṛdhrakūṭa 왕사성의 북동쪽에 우뚝 솟아 있는 산으로 영축산을 말하며, 지금은 뱅갈주 파트나 시의 남방에 위치해 있음.
4) 요본제존자(了本際尊者): 知本際라고도 하는데, 야약교진여이다. 부처님께서 녹야원에서 초전법륜시에 참석한 오비구 중 한사람으로 마음의 때를 버리고 깨달음

尊者)5), 정어존자(正語尊者)6), 대호존자(大號尊者)7), 인현존자(仁賢尊者)8), 이구존자(離垢尊者)9), 명문존자(名聞尊者)10), 선실존자(善實尊者)11), 구족존자(具足尊者)12), 우왕존자(牛王尊者)13), 우루빈나가섭존자(優樓頻嬴迦葉尊者)14),

---

을 얻음.

5) 정원존자(正願尊者): 馬勝이라고도 함. 야설시임. 오비구 중 한사람으로 威儀 제일로 알려짐. 사리불이 부처님께 귀의케 한 사리불의 스승임.
6) 정어존자(正語尊者): 바파라고도 함. 오비구중 바사파가 아닌가 여겨짐.
7) 대호존자(大號尊者): 마하내, 마하남이라고도 함. 오비구 중 한 사람으로 교진여 다음에 개오했다고 함.
8) 인현존자(仁賢尊者): 발제라고도 하며, 오비구 중 한 사람임.
9) 이구존자(離垢尊者): Vimala, 사원을 청소하고 마음의 때를 없앨 것을 염했던 제자로써 야사존자의 친구임.
10) 명문존자(名聞尊者): 야사존자(Yasodeva), 바라나 장자의 아들. 선실, 구족, 우왕, 이구 네명이 출가 했음.
11) 선실존자(善實尊者): Subaku 장자 凡耆라고도 함.
12) 구족존자(具足尊者): Purna 만족이라고도 하며, 야사의 친구.
13) 우왕존자(牛王尊者): 교범바제로 아미타경에 나오는 16제자 중 한 사람. 과거세의 죄업으로 500세 동안 소의 몸을 받았다고 함.

가야가섭존자(伽耶迦葉尊者)15), 나제가섭존자(那提迦葉尊者)16), 마하가섭존자(摩訶迦葉尊者)17), 사리불존자(舍利弗尊者)18), 대목건련존자(大目健連尊者)19), 겁빈나존자(劫賓那尊者)20), 대주존자(大住尊者)21), 대정지존자(大淨志尊者)22), 마하주

---

14) 우루빈나가섭존자(優樓頻嬴迦葉尊者): 니련선하 강가에서 불을 섬기는 외도로 있다가 부처님께 귀의함.
15) 가야가섭존자(伽耶迦葉尊者): 울빈나의 아우로 300명의 제자를 데리고 불을 섬기는 외도였으나 뒤에 귀의함.
16) 나제가섭존자(那提迦葉尊者): 우루빈나의 막내 동생. 200명의 제자를 데리고 불을 섬겼음.
17) 마하가섭존자(摩訶迦葉尊者): 대가섭. 두타제일. 불멸 후 교단을 이끌었음.
18) 사리불존자(舍利弗尊者): 사리자. 십대제자 중 한 사람으로 지혜제일임.
19) 대목건련존자(大目健連尊者): 목건련, 목련존자라고도 함. 신통제일임.
20) 겁빈나존자(劫賓那尊者): 교살라국 출신으로 천문, 역수로는 제일이었다고 함. 마하가섭, 사리불, 목련존자와 함께 부처님의 四聖 중 하나 사람임.
21) 대주존자(大住尊者): 마하가다연나라고도 함. 논의 제일임.
22) 대정지존자(大淨志尊者): 뇌질화라고도 함. 구류유나라 장자의 아들로 한가하게 있음을 원하는 것으로

나존자(摩訶周那尊者)23), 만원자존자(滿願子尊者)24), 이장애존자(離障閡尊者)25), 유관존자(流灌尊者)26), 견복존자(堅伏尊者)27), 면왕존자(面王尊者)28), 이승존자(異乘尊者)29), 인성존자(仁性尊者)30), 가락존자(嘉樂尊者)31), 선래존자(善來尊者)32), 나운존자(羅云尊者)33), 아난존자(阿難尊

제일임.
23) 마하주나존자(摩訶周那尊者): 사라불의 형제 중 셋째임.
24) 만원자존자(滿願子尊者): 부루나존자, 설법제일임.
25) 이장애존자(離障閡尊者): 아나율, 천안제일임.
26) 유관존자(流灌尊者): 손달라난다, 난다존자, 부처님의 사촌동생임. 손다리를 부인으로 두었기 때문에 붙여진 이름.
27) 견복존자(堅伏尊者): 樹提라고도 함. 상세한 것은 미상.
28) 면왕존자(面王尊者): 박구라존자, 전생에 가리륵파라는 약을 보시한 공덕으로 병이 없었다고 함. 그래서 정진무병 제일임.
29) 이승존자(異乘尊者): 氏戒聚라고 함. 미상.
30) 인성존자(仁性尊者): 수보리로 혜공제일임.
31) 가락존자(嘉樂尊者): 원래 소를 기르는 사람으로 부처님의 소기르는 11법에 대하여 설법을 듣고 출가하였음. 총명하고 음성이 아름다웠다고 함.
32) 선래존자(善來尊者): 사게다, 부처님께 귀의하여 막대

者)34) 등 모두 이와 같이 뛰어난 상수제자들이 있었다.

2) 보살대중

또한 대승의 여러 보살들도 함께 있었는데 보현보살(普賢菩薩)35), 묘덕보살(妙德菩薩)36), 자씨보살(慈氏菩薩)37) 등 현겁 중의 일체 보살과 또 현호(賢護) 등의 16보살과 또한 선사의보살(善思議菩薩) 신혜보살(信慧菩薩) 공무보살(空無菩薩) 신통화보살(神通華菩薩) 광영보살(光英菩薩) 혜상보살(慧上菩薩) 지당보살(智幢菩薩) 적근보살(寂根菩

한 이익을 얻었다고 함.
33) 나운존자(羅云尊者): 라후라로서 부처님의 아들임. 밀행제일임.
34) 아난존자(阿難尊者): 부처님의 종형제로 약 20여년 동안 부처님을 시봉하였음. 다문제일임.
35) 보현보살(普賢菩薩): Samantabhadra 석존을 오른쪽에 모시며, 자비를 담당하는 보살임.
36) 묘덕보살(妙德菩薩): Mañjuśrī 문수보살로 석존을 왼쪽에서 모시며, 지혜를 담당함.
37) 자씨보살(慈氏菩薩): Maitreya 미륵보살로서 미래에 성불하여 석존의 뒤를 이음.

薩) 원혜보살(願慧菩薩) 향상보살(香象菩薩) 보영보살(寶英菩薩) 중주보살(中住菩薩) 제행보살(制行菩薩) 해탈보살(解脫菩薩) 등이었다.

2. 보살의 수행공덕(八相示現)

이 모든 보살들은 보현보살의 덕을 좇아서 무량한 행원(無量行願)38)을 갖추어 일체 공덕의 법에 안주(安住)하느니라. 시방세계에 다니면서 중생을 위하여 선교방편을 행하고, 불법장(佛法藏)에 들어 피안을 구경(究竟)하고, 무량세계에 몸을 나투어 등각(等覺)을 이루었느니라. 도솔천궁에 있을 때에는 정법을 널리 펴다가, 천상을 버리고 왕궁에 내려와서 모태에 강신(降神)하였느니라.

그리고 오른편 옆구리로 태어나 사방으로 일곱 걸음을 걸으니 광명은 찬란하여 널리 시방세계를 비추었고, 천지는 여섯 가지로 진동(六種震動)39)

---

38) 행원(行願): 보살이 일으키는 육바라밀과 사섭법의 行과 願.

하였느니라. 이 때 스스로 소리 높여 "나는 마땅히 세상에서 위없는 성인(無上尊)이 되리라"고 크게 외치니 제석천과 범천이 받들어 모시고 천인들도 우러러 귀의하였느니라.

　장성하면서 산수와 문예를 배우고, 활쏘기와 말타기 등의 무예도 익혔으며, 또한 널리 신선술에 있어서도 깊은 경지에 이르렀고, 수많은 서적을 독파하였느니라. 또한 후원에 노닐 때에는 무예를 닦았으며, 궁중에 있을 때에는 세속의 오욕을 즐기기도 하였느니라.

　그러다가 어느 날, 사람의 늙고 병들어 죽어 가는 모습을 보고는 세상의 무상함을 깨달아 나라와 재물과 왕위를 버리고 산에 들어가서 도(道)를 배우기로 결심하였느니라.

　그래서 백마를 타고 나와 출가하여 보관과 영락과 목걸이 등의 장신구를 왕궁으로 돌려보내고는 화려한 왕자의 옷을 벗어버리고 법복으로 갈아입었

---

39) 육종진동(六種震動): 대지가 여섯 가지로 진동 함.
　　動, 起, 涌, 震, 吼, 擊을 말함.

으며, 머리와 수염을 깎았느니라. 그리고 나무 밑에 정좌하고 앉아 6년 동안 부지런히 고행을 하였느니라.

오탁(五濁)의 사바세계에 태어나서 뭇 중생들의 인연을 따랐으므로(隨順) 먼지와 번뇌가 쌓여 이를 맑은 물(金流)에 목욕을 하고, 천인이 드리운 나뭇가지를 잡고 강의 언덕에 올라올 수가 있었느니라. 그 때 신령스러운 새들이 도량까지 날아 왔으며, 길상동자는 보살이 성불할 것을 이미 알고 성불의 상서로움을 의미하는 길상초(吉祥草)를 바치자 그를 애민이 여기어서 이 보시를 받아 보리수 아래에 깔고 결가부좌(結跏趺坐)로 앉았느니라.

그리하여 대광명을 떨치니 마왕이 이를 알고 그들의 권속을 거느리고 와서 핍박하고 시험하였으나 지혜력(智力)으로 이들을 모두 항복 받았으며, 미묘법을 얻어 마침내 가장 높은 깨달음(最正覺)을 성취하였느니라.

그 때 제석천과 범천왕이 나타나서 법륜(法輪)을 굴리기를 청하여 빌었느니라. 이에 부처님께서는 여기저기 다니시면서 사자후로 설법을 하였느니라. 이 때 법고(法鼓)를 치고, 법라(法贏)를 불고, 법의 칼(法劍)을 가지고, 법의 깃발(法幢)을 세우고, 법의 우뢰(法雷)를 떨치고, 법의 번개(法電)를 번득이며, 법의 비(法雨)를 내리고, 법의 보시(法施)를 베푸는 등 항상 법음(法音)으로써 모든 세계를 깨우치게 하였느니라.

그 광명은 무량한 불국토를 두루 비추니(光明普照 無量佛土) 일체세계는 여섯 가지로 진동하였으며, 모든 마군세계의 궁전이 흔들리니 그들의 무리들은 겁내고 두려워서 항복하여 귀의(歸伏)하지 않을 수 없었느니라.

그리고 삿된 법을 쳐부수어 없애고, 모든 삿된 견해를 소멸시켜 번뇌의 티끌을 떨쳐 버리고, 탐욕의 구덩이(欲塹)를 허물었느니라. 정법의 성을 엄히 지키면서 널리 법의 문을 열었느니라(嚴護法城 開闡法門). 또한 번뇌의 때를 씻어 청정하고 순수한 광명을 나투어서 불법으로 사람들을 바르게 교화하였느니라. 여러 나라에 들어가서 풍성한 공양

(豊膳)을 받으시므로 그들이 공덕을 짓고 복을 받도록 하시며, 법을 베풀고자 하실 때에는 기쁜 마음으로 미소(欣笑)를 나투시어 모든 법의 약(法藥)으로 중생의 삼고(三苦)40)를 구제하였느니라.

또한 무량한 공덕의 보리심(道意) 나투시어 그들에게 장차 보살이 될 것을 수기하시고 등정각(等正覺)을 성취케하셨느니라.

그런 뒤 멸도(滅度)를 나타내 보이시나, 중생의 구제에는 다함이 없으시어 모든 번뇌를 소멸시키고, 온갖 선근을 심어 공덕을 구족케 하심이 미묘하여 다 헤아리기가 어렵느니라.

3. 보살의 교화

이와 같이 보살은 모든 불국토에 다니시면서 널리 중생에게 불법을 가르치며(遊諸佛國 普現道敎) 그 수행이 청정하여 더러움이 없느니라. 비유하면,

---

40) 삼고(三苦): 苦苦 아플 때의 고통, 壞苦 파괴되는 고통, 行苦 늙어 가는 고통.

보살은 마치 환술사가 여러 가지 다른 형상을 나타
내기를 때로는 남자로 때로는 여자의 모습으로 변
화시키기를 자재로히 하여 마음대로 되지 않음이
없는 것과 같느니라. 이 모든 보살도 이와 같이 일
체의 법을 배우고 통달하여 닦았으므로 항상 마음
이 평온하여 중생의 교화에 바치지 않음이 없었고,
무수한 불국토에 몸을 나투어 중생을 교화하되 교
만하고 방자하지 않았으며, 못내 중생을 애민이 여
기나니, 보살은 이러한 법을 모두 구족하느니라.

또한 보살은 대승경전의 묘법을 밝히고 그 이름
은 널리 알려져서 시방세계의 중생을 제도하나니,
무량제불이 함께 그들을 호념(護念)하느니라. 또한
보살은 부처님이 지니신 모든 공덕(佛所住)을 이미
갖추었으며, 부처님께서 깨달으신 경계(大聖所立)
를 모두 얻었느니라. 부처님의 교화를 능히 선양하
여 다른 보살들을 위하여 큰 스승이 되고 미묘하고
깊은 선정과 지혜로써 중생을 제도하느니라. 제법
의 체성에 통달하여 중생의 사정을 잘 알뿐만 아니
라 모든 국토의 형세를 분명히 알고 계시느니라(通

諸法性 達衆生相 明了諸國).

그리고 모든 부처님께 공양을 올릴 때에는 마치 그 몸을 나투기를 번개와 같이 빨리 하며, 능히 두려움이 없는 일체지혜(無畏之網)를 배워서 이세상 모든 것은 환상으로 이루어진 것임(幻化之法)을 깨닫느니라. 마군의 그물을 찢어 버리고, 모든 번뇌의 속박에서 벗어나며, 성문(聲聞) 연각(緣覺)의 지위를 초월하여 공삼매(空三昧)41), 무상삼매(無相三昧)42), 무원삼매(無願三昧)43)를 성취하느니라. 또한 능히 중생을 제도하기 위한 방편으로써 성문승(聲聞乘) 연각승(緣覺乘) 보살승(菩薩乘)의 삼승(三乘)의 모습을 나투며, 그들 중에 성문과 연각을 위해서는 멸도(滅度)의 모습을 보이기도 하느니라.

그러나 보살은 본래 지은 바도 없고(無所作) 얻

---

41) 공삼매(空三昧): 모든 법은 실체가 없다고 관하는 것.
42) 무상삼매(無相三昧): 실로 실체가 없으며 실지로 형상이 없다고 관함.
43) 무원삼매(無願三昧): 실체와 형상이 없다면 나의 마음도 없다고 관함.

은 바도 없으며(無所有) 일어나지도 않고, 멸하지도 않는 평등한 진리를 얻었으므로 무량한 다라니(無量總持)와 백천삼매와 모든 근기의 지혜를 성취하느니라.

그리고 법계를 두루 관찰하는 선정(廣普寂定)으로 깊은 보살의 법에 들어 부처님의 화엄삼매를 얻어 모든 경전을 선양하고 연설하느니라.

깊은 선정에 머무르면서 현재의 무량한 모든 부처님을 친견함에 있어서 일념사이에 두루하지 않음이 없느니라(悉覩現在 無量諸佛 一念之頃 無不周徧).

삼악도 중생의 여러 가지 고통과 수행할 여가가 있는 이나 없는 이의 근기에 따라 진실한 도리를 분별하여 가르치며, 모든 여래의 변재지혜(辯才智慧)를 성취하느니라.

또한 보살은 세간의 여러 가지 언어에 통달하여 모든 중생을 제도하고(入衆言音 開化一切) 세간의 모든 법을 초월하며, 마음은 항상 해탈법에 안주하여 일체만물에 있어서 자유자재하며, 가엾은 중생을 보게 되면 자발적으로 정다운 벗(不請之友)이 되어주시고, 중생의 무거운 짐을 나누어지시느니라.

그리고 여래의 깊고 미묘한 법을 수지하여 중생세계에 부처님의 종자를 보호하고, 항상 끊어지지 않도록 불법을 굳게 지키느니라. 대자비심을 일으켜 중생을 불쌍히 생각하며, 자애로운 말씀으로 법의 눈을 뜨게 하며, 삼악도의 길을 막고, 좋은 문을 열어주며, 중생이 청하지 않았건만 스스로 찾아가 불법(不請之法)으로써 모든 중생에게 베푸는 것이 마치 지극한 효자가 부모를 사랑하고 공경하는 것과 같느니라.

모든 중생을 자신과 같이 생각하며, 일체의 선근을 심어 모두 피안에 이르게 하느니라. 이렇게 하여 모든 부처님의 무량한 공덕과 지혜를 갖추니 그 존귀하고 깨끗함은 불가사의 하느니라.

이와 같이 무수한 보살들이 일제히 와서 모이게 되었느니라.

제2절 설법의 인연(發起序)

1. 아난의 질문

그 때 부처님께서는 온 몸에 기쁨이 넘치고 기색은 청정하시며, 얼굴의 모습은 거룩하고 엄숙하셨다. 아난존자는 부처님의 성스러운 뜻을 알고 곧 자리에서 일어나 오른쪽 어깨를 벗어 무릎을 꿇고 합장 공경하여 부처님께 여쭈었다.

「오늘 세존께서는 온 몸에 기쁨이 넘치고 기색은 청정하시며, 얼굴의 모습은 거룩하고 엄숙하심이, 마치 밝고 깨끗한 거울에 모든 것이 비치는 것과 같으며, 얼굴의 빛이 뛰어남이 한량이 없사온 데 저는 일찍이 지금과 같이 수승하고 신묘함을 본 적이 없사옵니다.」

부처님이시여!

「제가 생각컨대, 금일 세존(世尊)께서는 그 위의가 기이하고 특별하시며(住奇特法) 세웅(世雄)께서는 제불이 머무는 바의 경계에 머무르시고(住諸佛所住) 세안(世眼)께서는 대도사의 대행에 머무르시고(住大導師行) 세영(世英)께서는 가장 수승한 도에 머무르시고(住最勝道) 천존(天尊)께서는 여래의 덕을 행하십니다(行如來德). 과거, 미래, 현재의 부처님은 부처님과 부처님이 서로 생각하시어 중생을 제도하시는데, 금일의 부처님께서도 제불을 생각하고 계시지는 않으십니까? 왜냐하면, 부처님께서는 위엄이 넘치고 신령스러운 광명이 빛나고 있기 때문입니다.」

이에 부처님께서 아난에게 말씀하시기를,
「어찌된 것이냐? 아난아! 모든 천신들이 너에게 묻도록 가르쳐서 묻는 것이냐? 아니면 너가 스스로 너의 지혜로써 나의 장엄한 모습을 보고 묻는 것이냐?」

아난이 부처님께 말씀드리기를,
「모든 천신이 저에게 와서 가르쳐준 것이 아니고

스스로 저의 소견으로 여쭐 뿐입니다.」

2. 부처님의 말씀

부처님께서 아난에게 말씀하시기를,
「착하구나. 아난이여, 참으로 기특한 질문이다. 너의 깊은 지혜와 참으로 미묘한 변재로써 중생을 불쌍히 여겨 이와 같이 지혜로운 질문을 하는구나. 여래는 다함이 없는 대자비로서 삼계(三界)를 가엾이 여기는 까닭으로 세상에 출현하여 진리를 널리 펴서 중생을 건지고 진실한 이익을 베풀고자 함이니라. 무량억겁 동안 불법을 만나기 어려우며, 여래를 친견하기 어려움이 마치 삼천 년만에 한번씩 피는 우담발라화를 만나는 것과도 같으니라. 이제 그대가 묻는 바는 모든 천상과 사람들을 크게 이익되게 할 것이며, 길을 열어 교화할 것이니라.
　아난아, 마땅히 알아라. 여래의 정각(正覺)은 그 지혜가 헤아릴 수 없고, 중생을 제도함이 많으니, 이러한 지혜는 걸림이 없고, 단절됨이 없느니라.

한 끼니의 밥을 가지고도 능히 한량없는 백천겁의 무수 무량한 수명을 머무르게 하느니라. 그리고 온몸이 기쁨에 넘쳐 훼손되지 않으며, 거룩한 모습과 빛나는 얼굴은 다르지 않느니라. 그 까닭은 여래는 언제나 선정과 지혜가 지극하여 다함이 없고, 일체법에 자유자재함을 얻기 때문이니라. 아난아 명심하여 들어라. 이제 그대를 위하여 설하리라.」

아난이 말씀드리기를,
「그러하옵니다. 즐거운 마음으로 듣기를 원하옵니다」.

제2장 정종분(正宗分)

제1절 극락정토의 발원 인연
  (법장비구의 발원과 수행)

1. 과거 53불

부처님께서 아난에게 말씀하시기를,

「일찍이 헤아릴 수 없는 과거 아득히 먼 옛날(無央數劫)에 정광여래(錠光如來)44)께서 출현하시어 한량없는 중생을 교화하고 제도하여 모두 도를 얻게 하시고 열반에 드셨느니라. 그리고 그 뒤를 이어서 부처님들이 출현하셨는데, 그 이름은 광원불, 월광불, 전단향불, 선산왕불, 수미천관불, 수미등요불, 월색불, 정염불, 이구불, 무착불, 용천불, 야광불, 안명정불, 부동지불, 유리묘화불 유리금색불,

---

44) 정광여래(錠光如來): 연등부처님.

금장불, 염광불, 염근불, 지동불, 월상불, 일음불, 해탈화불, 장엄광명불, 해각신통불, 수광불, 대향불, 이진구불, 사염의불, 보염불, 묘정불, 용립불, 공덕지혜불, 패일월광불, 일월유리광불, 무상유리광불, 최상수불, 보리화불, 월명불, 일광불, 화색왕불, 수월광불, 제치명불, 도개행불, 정신불, 선숙불, 위신불, 법혜불, 란음불, 사자음불, 용음불, 처세불 등 여러 부처님들이 지나 가셨느니라.

그 다음에 한 부처님이 계셨으니 그 이름이 세자재왕여래(世自在王如來)45), 응공(應供) 등정각(等正覺) 명행족(明行足) 선서(善逝) 세간해(世間解) 무상사(無上士) 조어장부(調御丈夫) 천인사(天人師) 불(佛) 세존(世尊)이라 하느니라.

2. 법장비구의 발심

1) 국왕의 출가

---

45) 세자재왕여래(世自在王如來): 世饒王佛, 世間自在王如來라고도 함.

그 때 국왕이 있었는데 부처님의 설법을 듣고는 기쁜 마음으로 바르고 참된 무상보리심을 발하여 나라를 버리고 왕위를 내어놓고 출가하여 사문이 되었는데 그 이름을 법장(法藏)이라고 하였느니라. 그의 재주와 용맹과 철학(才勇哲)은 세상에서 뛰어났느니라. 세자재왕여래의 처소에 나아가서 부처님의 발에 머리를 조아리고 오른쪽으로 세 번 돌고 나서 무릎을 꿇고 합장하며 노래로써 부처님의 공덕을 찬탄하였느니라.

2) 찬불게(讚佛偈)
「빛나신 상호 우뚝하시고
위엄과 신통 그지없으니
이처럼 밝고 빛나는 광명
뉘라서 감히 따르리이까.

햇빛과 달빛 여의주 빛
맑은 진주빛 눈부시지만
여기에 온통 가리워져서

검은 먹덩이 되고 맙니다.

여래의 얼굴 뛰어나시사
이 세상에는 짝할 이 없고
바르게 깨달은 이의 크신 소리
시방세계에 두루 들리네.

계율과 다문(多聞)과 정진
삼매와 지혜
거룩한 위덕 견줄 이 없이
한없이 수승하고 희유합니다.

바다 같이 넓고 깊은 제불의 법을
자세히 보고 깊이 생각해
끝까지 밝히고 속까지 뚫어
바닥과 주변에 두루 비치네.

어두운 무명(無明) 탐욕과 분심
부처님은 영원히 여의었으며

사자와 같이 영특한 이의
신묘한 공덕을 헤아릴 수 없네.

크신 도덕과 넓은 공덕
밝으신 지혜는 깊고도 미묘하며
광명으로 빛나는 거룩한 상호
대천세계에 두루 떨치네.

원컨대 나도 부처님 되어
거룩한 공덕 저 법왕처럼 갖추어
끝없는 생사 모두 건지고
온갖 번뇌에서 벗어나 지이다.

보시(布施)를 베풀어 뜻을 고르고(調意)
계행 지니어(持戒) 분한 일 참으며(忍辱)
끊임없는 정진(精進) 거듭하면
이러한 삼매 지혜(智慧)가 으뜸일세.

나도 맹세코 부처님 되어

이러한 원을 모두 행하고
두려움 많은 중생 위하여
편안한 의지처가 되어지고져.

가사 수많은 부처님이 계시기를
백천만억이나 되며
그 수효 무량하여
항하의 모래보다 많을지라도

이렇듯 많은 부처님들을
받들어 섬겨 공양을 한들
보리도를 굳게 구하여
물러나지 않은 것만 같지 못하리.

항하의 모래 수효와 같이
많고 많은 부처님세계
그보다 더 많아 셀 수 없는
그처럼 많은 세계의 국토에

부처님 광명 널리 비치어
모든 국토에 두루 하거늘
이러한 정진과 위신력을
무슨 지혜로 셀 수 있으리.

만약에 내가 부처가 되면
국토의 장엄은 으뜸이 되고
중생들은 한결같이 훌륭히 되며
도량은 가장 수승하오리.

이 나라는 영원히 행복하여서
세상에서 둘도 없으며
모든 중생 가엾이 여겨
내가 마땅히 제도하리라.

시방에서 오는 중생들
마음이 즐겁고 청정하리니
나의 나라에 오게 되면
쾌락(快樂)하고 안온(安穩)하리라.

원컨대 부처님, 굽어 살피사
진실한 저의 뜻을 증명하옵소서
저 국토에서 세운 발원
모든 힘을 다해 하리다.

시방세계에 계신 모든 부처님
밝으신 지혜 걸림 없으니
저의 마음 저의 수행을
항상 살펴주소서

만일 이 몸이 어찌하다가
모든 고난에 빠진다 한들
제가 행하는 정진을
참지 못하고 후회하리까.

3. 대발원의 인연

부처님께서 아난에게 말씀하시기를,
「법장비구는 저 세자재왕 부처님 앞에서 이와 같

은 게송으로 여래를 칭송한 다음 이렇게 말하였다.
"세존이시여! 저는 위없는 바른 깨달음(無上正覺)46)을 얻고자 발원하였습니다. 원컨대 부처님께서는 저를 위하여 널리 경법(經法)를 설하여 주소서. 마땅히 저는 수행하여 불국토를 이룩하고 한량없이 청정 미묘하게 그 국토를 장엄하겠습니다. 그러하오니 저로 하여금 금생에 빨리 바른 깨달음을 성취하여 모든 생사의 고난의 근원을 없애게 하여 주소서."

부처님께서 아난에게 말씀하시기를,
「그때 세자재왕 부처님께서 법장비구에게 이와 같이 말씀하셨다.
"그대가 수행하고자 하는 바와, 불국토를 장엄하는 일에 대해서는 그대 스스로 당연히 잘 알고 있을 것이 아닌가?"」

---

46) 무상정각(無上正覺): 위없는 깨달음.

4. 법장비구의 선택

「법장비구가 세자재왕 부처님께 여쭈기를,
"부처님이시여! 그와 같은 뜻은 너무나 크고 깊어서 제가 알 수 있는 경계가 아닙니다.

원하옵건대, 세존이시여! 널리 모든 부처님들께서 정토를 이룩한 수행법(淨土之行)을 자세히 말씀하여주소서. 저는 그것을 듣고 마땅히 말씀하신 바와 같이 수행하여 소원을 원만히 성취하겠습니다."
그때 세자재왕 부처님은 법장비구의 뜻이 밝고 고결하며 원력이 심오하고 광대함을 아시고 법장비구를 위하여 법을 설하시기를,

"비유컨대, 비록 큰 바닷물이 아무리 깊다고 할지라도 한 사람이 되로서 계속 퍼내기를 수억 겁 동안 한다고 하면 바닥이 드러나 미묘한 보배를 얻을 수 있듯이 사람이 지극한 마음으로 정진하여 쉬지 않고 도를 구한다면 마땅히 원하는 결과를 얻을 것이니, 어떠한 소원인들 이루지 못하겠는가?"라고 하시면서 세자재왕 부처님은 곧 법장비구를 위

하여 이백십억의 여러 불국토와 천인의 선과 악 및 각 국토의 거칠고 미묘함에 대하여 널리 설하시고, 법장비구의 소원대로 이를 낱낱이 나투어 보여주셨느니라.」

5. 5겁의 사유(思惟)

「이 때에 법장비구는 부처님이 말씀하신 바를 듣고, 장엄하고 청정한 국토를 모두 둘러보고 나서 위없이 수승하고 가장 뛰어난 원을 세웠느니라. 그 때 그의 마음은 맑고 고요할 뿐만 아니라 뜻은 집착하는 바가 없었으니(志無所着) 일체 세간의 어느 누구도 여기에는 미치지 못하였느니라. 그런 후 완전히 5겁 동안 사유하였으며(具足五劫思惟) 불국토를 건설하고 장엄하기 위한 청정한 수행법(淸淨之行)을 받아들였느니라.」

아난이 부처님께 여쭈었다.
"그 부처님 국토의 수명은 얼마나 됩니까?"

부처님께서 말씀하시기를,

"그 부처님의 수명은 42겁이니라."

「이 때에 법장비구는 이백십억47) 불국토의 청정한 수행법(淸淨之行)을 받아들였느니라.」

6. 48대원

이와 같이 수행하고 나서 다시 세자재왕 부처님의 처소에 나아가 부처님의 발아래 머리를 조아려 예배하고 부처님을 세 번 돌고 합장하여 여쭈었다.

"세존이시여! 저는 이미 불국토를 장엄할 청정한 수행(淸淨之行)을 섭취(攝取)하였습니다."

세자재왕 부처님께서 법장비구에게 말씀하시기를,

"법장비구여! 지금이야말로 그대의 서원과 수행의 결과를 모든 대중들에게 널리 알리어 기쁘게 보리심을 일으키게 할 때이니라. 보살들은 이를 듣고

---

47) 이백십억(二百十億): 80화엄경에서 설한 연화장세계의 내용. 전 우주를 말함.

나서 이 법에 의해 수행(修行)하여 한량없는 대원(大願)을 성취할 것이니라."

다시 법장비구는 세자재왕 부처님께 여쭈기를,
"세존이시여! 잘 듣고 살펴주소서. 제가 세운 소원(所願)을 자세히 말씀드리겠습니다."

1) 삼악도가 본래없길 서원하고(惡趣無名願)
만약 제가 부처가 될 적에(設我得佛) 그 나라에 지옥, 아귀, 축생 등의 삼악도(三惡道)가 있다고 한다면, 저는 차라리 부처가 되지 않겠습니다(不取正覺).

2) 삼악도에 불생하길 서원하며(無墮惡道願)
만약 제가 부처가 될 적에, 그 나라의 중생들이 수명이 다한 뒤에 다시 삼악도에 떨어지는 일이 있다고 한다면, 저는 차라리 부처가 되지 않겠습니다.

3) 금색광명 현현하길 서원하고(同眞金色願)

　만약 제가 부처가 될 적에, 그 나라 중생들의 온몸에서 찬란한 금색광명이 빛나지 않는 다면, 저는 차라리 부처가 되지 않겠습니다.

4) 하나같이 수승하길 서원하며(形貌無差願)

　만약 제가 부처가 될 적에, 그 나라 중생들의 모습이 모두 훌륭하지 않고 잘난이나 못난이가 있다면, 저는 차라리 부처가 되지 않겠습니다.

5) 숙명통48)이 이뤄지길 서원하고(成就宿命願)

　만약 제가 부처가 될 적에, 그 나라 중생들이 숙명통(宿命通)을 얻지 못하여 백천억 나유타 겁의 옛 일을 알지 못한다면, 저는 차라리 부처가 되지 않겠습니다.

6) 천안통49)이 얻어지길 서원하며(生獲天眼願)

---

48) 숙명통(宿命通): 전세의 수명이라는 뜻으로 전생을 아는 것을 말함.

만약 제가 부처가 될 적에, 그 나라 중생들이 천안통(天眼通)을 얻지 못하여 백천억 나유타의 모든 불국세계를 볼 수 없다면, 저는 차라리 부처가 되지 않겠습니다.

7) 천이통이 이뤄지길 서원하고(生獲天耳願)

만약 제가 부처가 될 적에, 그 나라 중생들이 천이통(天耳通)50)을 얻지 못하여 백천억 나유타의 여러 부처님의 말씀을 듣지 못한다면, 저는 차라리 부처가 되지 않겠습니다.

8) 타심통이 얻어지길 서원하며(悉知心行願)

만약 제가 부처가 될 적에, 그 나라 중생들이 타심통(見他心智)51)을 얻지 못하여 백천억 나유타의 모든 불국토에 있는 중생들의 마음을 알지 못한다

---

49) 천안통(天眼通): 자유자재로히 보는 지혜의 힘.
50) 천이통(天耳通): 자유 자재로히 일체의 음성을 들을 수 있는 지혜.
51) 타심통(見他心智): 자유 자재로히 다른 사람의 마음을 볼 수 있는 지혜.

면, 저는 차라리 부처가 되지 않겠습니다.

9) 신족통이 이뤄지길 서원하고(神足超越願)
만약 제가 부처가 될 적에, 그 나라 중생들이 신족통(神足通)52)을 얻지 못하여 일염(一念) 사이에 백천억 나유타의 불국토를 지나가지 못한다면, 저는 차라리 부처가 되지 않겠습니다.

10) 누진통이 얻어지길 서원하며(淨無我想願)
만약 제가 부처가 될 적에, 그 나라 중생들이 누진통(漏盡通)53)을 얻지 못하여 자신의 몸에 집착하는 생각을 낸다면, 저는 차라리 부처가 되지 않겠습니다.

11) 정각세계 이뤄지길 서원하고(決定正覺願)
만약 제가 부처가 될 적에, 그 나라 중생들이 반

---

52) 신족통(神足通): 자유 자재로히 여기 저기를 마음대로 다닐 수 있는 불가사의한 힘.
53) 누진통(漏盡通): 모든 번뇌가 없어지는 경지.

드시 멸도(滅度)에 이르는 정정취(正定聚)54)에 머물지 못한다면, 저는 차라리 부처가 되지 않겠습니다.

12) 무량광명 비춰지길 서원하며(光明普照願)
만약 제가 부처가 될 적에, 저의 광명이 한량이 있어서 백천억 나유타의 모든 불국토를 비출 수 없다면, 저는 차라리 부처가 되지 않겠습니다.

13) 무량수명 성취되길 서원하고(壽量無窮願)
만약 제가 부처가 될 적에, 저의 수명이 한정이 있어서 백천억 나유타겁에 이르지 못한다면, 저는 차라리 부처가 되지 않겠습니다.

14) 성문연각 무수하길 서원하며(聲聞無數願)
만약 제가 부처가 될 적에, 그 나라 성문들의 수효가 한량이 있어서 삼천대천 세계의 성문(聲聞) 연각(緣覺)들이 백천겁 동안 세어서라도 그 수효를

---

54) 정정취(正定聚): 바로 부처님이 되기로 정해진 사람.

모두 알 수 있다면, 저는 차라리 부처가 되지 않겠습니다.

15) 중생수명 무량하길 서원하고(衆生長壽願)
만약 제가 부처가 될 적에, 그 나라 중생들의 수명이 한량없지만, 단지 중생제도의 서원에 따라 수명의 길고 짧음을 자재로히 함을 제외하고는 모두가 이와 같이 되지 않는다면, 저는 차라리 부처가 되지 않겠습니다.

16) 좋은일만 있어지길 서원하며(皆獲善名願)
만약 제가 부처가 될 적에, 그 나라 중생들에게는 나쁜 일 이라고는 이름조차도 들을 수 없을 것인데, 그렇지 못하다면, 저는 차라리 부처가 되지 않겠습니다.

17) 시방제불 찬탄받길 서원하고(諸佛稱讚願)
만약 제가 부처가 될 적에, 시방세계의 무량한 제불이 저의 이름을 칭찬하지 않는다면, 저는 차라리 부처가 되지 않겠습니다.

18) 십념왕생 성취되길 서원하며(十念往生願)

만약 제가 부처가 될 적에, 시방세계 중생들이 지극한 마음(至心)으로 믿고 좋아해서(信樂) 나의 나라에 태어나고자 하여(欲生我國) 십념 정도를(乃至十念) 하였음에도 불구하고 태어나지 못하는 사람이 있다면, 저는 차라리 부처가 되지 않겠습니다. 다만 오역죄55)를 지었거나 정법을 비방한 자는 제외하겠습니다(唯除五逆誹謗正法).

19) 임종시에 내영인접(來迎引接) 서원하고(臨終現前願)

만약 제가 부처가 될 적에, 시방세계 중생들이 보리심을 일으켜서 모든 공덕을 닦고 지극한 마음으로 나의 나라에 태어나고자 발원하였으나, 그 들

---

55) 오역죄(五逆罪): 아버지를 죽이고, 어머니를 죽이고, 아라한을 죽이고, 부처님 몸에 피를 내고, 화합을 파괴하는 것.

의 임종시에 내가 대중들과 함께 그 사람 앞에 나타나지 못한다면, 저는 차라리 부처가 되지 않겠습니다.

20) 지심회향 극락왕생 서원하며(回向皆生願)
만약 제가 부처가 될 적에, 시방세계 중생들이 저의 이름을 듣고 저의 국토를 생각하여(係念) 모든 공덕의 근본을 심고 지극한 마음으로 회향하여 저의 나라에 태어나고자 하지만, 이를 성취하지 못한다면, 저는 차라리 부처가 되지 않겠습니다.

21) 삼십이상 구족하길 서원하고(具足妙相願)
만약 제가 부처가 될 적에, 그 나라 중생들이 모두 삼십이상(三十二相)의 모습을 원만히 성취하지 못한다면, 저는 차라리 부처가 되지 않겠습니다.

22) 일생보처 성취되길 서원하며(咸皆補處願)
만약 제가 부처가 될 적에, 다른 모든 불국토의 보살들이 저의 나라에 와서 태어나면 일생보처(一

生補處)에 이르게 될 것입니다. 다만, 그들의 소원에 의해 중생을 위하여 큰 서원을 세우고 선근 공덕을 쌓아 일체중생을 제도하거나 혹은 모든 불국토를 다니면서 보살의 행을 닦아 시방세계의 여러 부처님을 공양하며, 또한 항하사와 같은 무량한 중생을 교화하고 위없이 바르고 참된 도를 세우고자 하는 이는 제외합니다. 그 이외의 사람들은 보살의 보통행인 지위(地位)를 초월하여 바로 보현보살의 십대원을 닦도록 하고자 합니다만, 그렇지 못하다면, 저는 차라리 부처가 되지 않겠습니다.

23) 제불에게 공양하길 서원하고(晨供他方願)

만약 제가 부처가 될 적에, 그 나라 보살들이 부처님의 신통력을 입어 식사하는 사이에 수 없는 불국토를 다니면서 여러 부처님께 공양할 수 없으면, 저는 차라리 부처가 되지 않겠습니다.

24) 마음대로 공양하길 서원하며(所須滿足願)

만약 제가 부처가 될 적에, 그 나라 보살들이 모

든 부처님 앞에서 공덕의 근본을 나타내려고 할 때, 구하는 공양물을 마음대로 갖추지 못한다면, 저는 차라리 부처가 되지 않겠습니다.

25) 일체지로 연설하길 서원하고(善入本智願)
만약 제가 부처가 될 적에, 그 나라 보살들이 일체지(一切智)를 얻어 능히 불법을 연설할 수 없으면, 저는 차라리 부처가 되지 않겠습니다.

26) 나라연신 얻어지길 서원하며(那羅延力願)
만약 제가 부처가 될 적에, 그 나라 보살들이 금강역사와 같은 나라연신(那羅延身)56)을 얻지 못한다면, 저는 차라리 부처가 되지 않겠습니다.

27) 일체만물 장엄하길 서원하고(莊嚴無量願)
만약 제가 부처가 될 적에, 그 나라 중생들과 일체 만물은 정결하고 찬란하게 빛나며, 그 모양이

---

56) 나라연신(那羅延身): nārāyaṇa의 번역 人本生이라고도 함. 하늘의 금강역사와 같은 것.

지극히 수승하고 미묘함을 능히 다 헤아릴 수 없을 것입니다. 그런데 그것을 모든 중생들이나 천안통을 얻은 이가 능히 그 이름과 수효를 명료하게 알 수 있으면, 저는 차라리 부처가 되지 않겠습니다.

28) 보배나무 알아보길 서원하며(寶樹悉知願)
만약 제가 부처가 될 적에, 그 나라 보살들을 비롯하여 공덕이 적은 이들까지도 그 도량의 나무가 한없이 빛나고 그 높이가 사백유순이나 되는 것을 알아보지 못한다면, 저는 차라리 부처가 되지 않겠습니다.

29) 변재지혜 성취되길 서원하고(獲勝辯才願)
만약 제가 부처가 될 적에, 그 나라 보살들이 스스로 경전을 읽고 외우며 남에게 설법할 수 있는 변재와 지혜를 얻지 못한다면, 저는 차라리 부처가 되지 않겠습니다.

30) 변재지혜 무량하길 서원하며(大辯無辺願)

만약 제가 부처가 될 적에, 그 나라 보살들의 지혜와 변재에 한량이 있다면, 저는 차라리 부처가 되지 않겠습니다.

31) 청정국토 비춰보길 서원하고(國淨普照願)

만약 제가 부처가 될 적에, 그 불국토는 한량없이 청정하여 시방일체의 무량무수한 모든 부처님의 세계를 모두 낱낱이 비춰봄이 마치 맑은 거울로 얼굴을 비춰보는 것과 같지 않으면, 저는 차라리 부처가 되지 않겠습니다.

32) 장엄국토 성취되길 서원하며(無量勝音願)

만약 제가 부처가 될 적에, 땅과 허공에 있는 궁전이나 누각, 연못과 흐르는 물, 꽃이나 나무 등 나라안에 있는 모든 만물들은 헤아릴 수 없는 보배와 백천가지의 향으로 이루어지며, 꾸밈이 장엄하고 기묘하여 모든 인간계나 천상계보다 뛰어 나며, 그 향기가 시방세계에 두루 퍼져 이를 맡은 보살들은 모두 부처님의 행을 닦게 될 것입니다. 그렇지 못하면, 저는 차라리 부처가 되지 않겠습니다.

33) 광명으로 중생구제 서원하고(蒙光安樂願)
　만약 제가 부처가 될 적에, 시방세계의 무량하고 불가사의한 모든 불국토의 중생들의 몸에 저의 광명을 입어, 그들의 몸에 비치기만 하여도 그들은 몸과 마음이 부드러워져 인간계와 천상계를 초월할 것입니다. 그렇지 못하면, 저는 차라리 부처가 되지 않겠습니다.

34) 이름듣고 총지얻길 서원하며(成就總持願)
　만약 제가 부처가 될 적에, 시방세계의 무량하고 불가사의한 모든 불국토의 중생들이 제 이름을 듣고 보살의 무생법인(無生法忍)57)과 모든 깊은 다라니(總持)58)를 얻을 수 없다면 저는 차라리 부처

---

57) 무생법인(無生法忍): 모든 법은 나지도 않고 없어지지도 않음을 깨달아 알고, 거기에 머물며 움직이지 않는 것. 진실의 이치를 깨달은 마음의 평온을 말하며, 무생인이라고도 함.
58) 다라니(總持): dhāranī로 광대한 義理를 가지고 잃지

가 되지 않겠습니다.

35) 여인몸을 벗어나길 서원하고(永離女身願)

만약 제가 부처가 될 적에, 시방세계의 무량하고 불가사의한 모든 불국토의 여인들이 제 이름을 듣고 환희심을 내어 믿고 좋아하며, 보리심을 일으키고, 여자의 몸으로 태어나는 것을 싫어하였음에도 불구하고 목숨을 마친 후에 다시 여인의 몸을 받는다면, 저는 차라리 부처가 되지 않겠습니다.

36) 이름듣고 성불하길 서원하며(聞名至果願)

만약 제가 부처가 될 적에, 시방세계의 무량하고 불가사의한 모든 불국토의 모든 보살들이 제 이름을 듣고 목숨이 다한 후에도 항상 청정하게 수행하고 범행을 닦아 성불하게 될 것입니다. 그렇지 못하면, 저는 차라리 부처가 되지 않겠습니다.

37) 천인들이 공경하길 서원하고(天人敬禮願)

않는 지혜.

만약 제가 부처가 될 적에, 시방세계의 무량하고 불가사의한 모든 불국토의 천인과 사람들이 나의 이름을 듣고 오체를 투지하여 머리 숙여 예배하고 환희심을 내어 믿고 좋아하며(歡喜信樂) 보살행을 닦음에도 불구하고 천인과 사람들이 공경하지 않는 다면, 저는 차라리 부처가 되지 않겠습니다.

38) 생각대로 옷입기를 서원하며(須衣隨念願)
만약 제가 부처가 될 적에, 그 나라 사람과 천인들이 의복을 얻고자 하면, 생각하는 대로 바로 생기며, 부처님이 찬탄하시는 바와 같은 법다운 미묘한 옷이(應法妙服) 저절로 몸에 입혀지는 것과 같을 것입니다. 그렇지 않고 바느질이나 물들이거나 빨래할 필요가 있다면, 저는 차라리 부처가 되지 않겠습니다.

39) 청정쾌락 누려지길 서원하고(纔生心淨願)
만약 제가 부처가 될 적에, 그 나라 사람과 천인들이 누리는 상쾌한 즐거움이, 모든 번뇌를 여읜

비구들과 같지 않으면, 저는 차라리 부처가 되지 않겠습니다.

40) 나무에서 불국보길 서원하며(樹現佛刹願)
만약 제가 부처가 될 적에, 그 나라 보살들이 시방세계의 헤아릴 수 없는 청정한 불국토를 보고자 하면, 원하는 대로 보배나무에서 모두 비춰보게 할 것입니다. 이는 마치 거울로 자신의 얼굴을 보는 것과 같을 것입니다. 만약 그렇지 못하면, 저는 차라리 부처가 되지 않겠습니다.

41) 모든육근 구족하길 서원하고(無諸根缺願)
만약 제가 부처가 될 적에, 다른 국토의 보살들이 저의 이름을 듣고 성불할 때까지 온 몸(諸根)에 부족한 점이 있어서 구족하지 못한 자(不具足者)가 있으면, 저는 차라리 부처가 되지 않겠습니다.

42) 삼매중에 제불공양 서원하며(現證等持願)
만약 제가 부처가 될 적에, 다른 국토의 보살들

이 저의 이름을 들은 이는 모두 청정한 해탈삼매(淸淨解脫三昧)를 얻고, 이 삼매에 머물러서 한 생각동안(一發意頃)에 무량하고 불가사의한 모든 부처님을 공양하고도 삼매를 잃지 않을 것입니다. 그렇지 못하면, 저는 차라리 부처가 되지 않겠습니다.

43) 좋은가문 태어나길 서원하고(聞生豪貴願)

만약 제가 부처가 될 적에, 다른 국토의 모든 보살들이 저의 이름을 듣고도 수명이 다한 후에 존귀한 집안에 태어나지 못한다면, 저는 차라리 부처가 되지 않겠습니다.

44) 모든공덕 구족하길 서원하며(具足善根願)

만약 제가 부처가 될 적에, 다른 국토의 모든 보살들이 저의 이름을 듣고 뛸 듯이 기뻐하여 보살행을 닦아 모든 공덕을 구족할 것입니다. 그렇지 못하면, 저는 차라리 부처가 되지 않겠습니다.

45) 모든부처 항상뵙길 서원하고(供佛堅固願)

　만약 제가 부처가 될 적에, 다른 국토의 모든 보살들이 저의 이름을 듣고 모든 부처님을 두루 뵐 수 있는 삼매(普等三昧)59)를 얻을 것이며, 이 삼매에 머물러 성불할 때까지 항상 무량하고 불가사의한 일체제불을 친견할 수 있을 것입니다. 그렇지 못하다면, 저는 차라리 부처가 되지 않겠습니다.

46) 원력대로 법문듣길 서원하며(欲聞自聞願)

　만약 제가 부처가 될 적에, 그 나라 보살들이 그가 원하는 뜻에 따라 법문을 듣고자 하면 저절로 들을 수 있을 것입니다. 그렇지 못하면, 저는 차라리 부처가 되지 않겠습니다.

47) 보리자리 얻어지길 서원하고(菩提無退願)

　만약 제가 부처가 될 적에, 다른 국토의 모든 보살들이 저의 이름을 듣고도 불퇴전(不退轉)에 이르

---

59) 보등삼매(普等三昧): 무량한 부처님을 다같이 친견하는 삼매.

지 못하면, 저는 차라리 부처가 되지 않겠습니다.

48) 삼법인을 얻어지길 서원하며(現獲忍地願)

만약 제가 부처가 될 적에, 다른 국토의 모든 보살들이 저의 이름을 듣고 바로 제일 음향인(音響忍)60), 제이 유순인(柔順忍)61), 제삼 무생법인(無生法忍)62)에 이르지 못하고, 모든 불법에 대해 불퇴전(不退轉)에 이르지 못하면, 저는 차라리 부처가 되지 않겠습니다.

7. 서원의 노래(重誓偈)

부처님께서 아난에게 말씀하시기를,
「이 때 법장비구는 이와 같은 서원을 세우고 나서 다시 게송으로 아뢰었다.

---

60) 음향인(音響忍): 부처님과 보살의 설법을 듣고 믿고 이해하며, 그대로 잘 수행하여 머무는 지위.
61) 유순인(柔順忍): 진리에 수순하여 자기가 생각해 깨달음을 얻는 것.
62) 무생법인(無生法忍): 형상이나 이름을 여읜 지위.

"내가 세운 이 서원은 세상에 없는 일
위없는 바른길 가고야 말리
이 원을 원만히 이루지 못하면
맹세코 부처는 되지 않으리.

한량없는 오랜 겁 동안
내가 만약 큰 시주가 되지 못하여
가난하고 고통받는 중생 제도 못하면
맹세코 부처는 되지 않으리.

내가 만일 위없는 부처가 되어
그 이름 온 세계에 떨칠 적에
듣지 못한 사람이 있다고 하면
맹세코 부처는 되지 않으리.

욕심 여읜 바른 생각 깊이 지니고
청정한 지혜로 도를 닦으며
위없는 진리 구하고져 뜻을 세워서
천상과 인간의 스승 되리라.

신통으로 큰 광명 내어
끝없는 모든 세계 두루 비추어
세가지 어두운 때(三垢)63) 녹여 버리고
중생들의 온갖 재난 구제하리라.

그대들의 지혜 눈 열어 밝히고
앞 못보는 장님들 눈을 띄우며
여러 가지 나쁜 길 막아 버리고
좋은 세상 가는 길 활짝 열리라.

공덕과 길상을 두루 갖추어
거룩한 빛 시방을 널리 비치니
해와 달 밝은 빛 무색케 되고
천상의 광명도 숨어버리네.

중생들을 위하여 교법(法藏)을 열고
공덕 보배 널리 베풀어
언제나 많은 대중 모인 곳에서

---

63) 삼구(三垢): 삼독번뇌의 탐, 진, 치를 말함.

사자후로 설법하리라.

온 세계 부처님께 공양 올리며
한량없는 공덕을 두루 갖추고
서원과 지혜를 모두 이루어
삼계의 영웅이신 부처 되리라.

걸림 없는 부처님 지혜와 같이
모든 것을 통달하여 두루 비치니
바라건대 내 공덕 지혜힘으로
가장 높은 부처님과 같아지이다.

내 만약 이 소원 이루어지면
삼천대천세계가 감동하오며
허공에 가득한 하늘 사람들
진기하고 미묘한 꽃비 내리리.”」

부처님께서 아난에게 말씀하시기를,
「법장비구가 이 게송을 읊고 나자 이 때 대천세

계가 여섯 가지로 진동하고, 하늘에서는 미묘한 꽃비가 흩날리며, 저절로 음악이 울리며, 허공에서 찬탄해 말씀하시기를,

"결정코 반드시 위없는 깨달음을 얻어 부처가 되리라."고 했다.

이에 법장비구는 이와 같은 큰 서원을 구족하여 원만히 성취하려는 진실한 마음을 헛되이 하지 않고, 세간에서 벗어나 간절히 열반(寂滅)의 경계를 원하였느니라.」

8. 법장비구의 수행

「아난아, 그 때 법장비구는 부처님 계시는 곳에서 천인, 마왕, 범천, 용신, 팔부대중(八部大衆)64)이 있는 가운데서 이와 같은 큰 서원을 세우고, 한결 같이 장엄하고 미묘한 국토를 세우는데 뜻을 오

---

64) 팔부대중(八部大衆): 하늘, 용, 야차, 건달바, 아수라, 가루라, 긴나라, 마후라가 등으로 교법을 보호하는 신을 말함.

로지 하였다. 그가 세우고자하는 불국토는 한량없이 넓고 뛰어나게 아름다워 비할 데가 없고, 건립한 국토는 영원히 쇠퇴하거나 변하지도 아니하니, 이는 보살이 무한히 오랜 세월 동안 무량한 공덕과 수행을 쌓았기 때문이니라.」

「그는 탐욕(欲覺)과 성냄(瞋覺)과 남을 해치는 짓(害覺)은 하지 않았으며, 또한 욕심 내는 마음(欲想)과 성내는 마음(瞋想)과 남을 해치는 마음(害想)을 일으키지도 않았고, 감각의 대상인 모양, 소리, 향기, 맛, 촉감, 분별하는 생각(色聲香味觸法)에 대해서도 집착하지 않았느니라. 또한 인욕의 힘(忍力)을 성취하여 많은 고통에도 마음이 움직이지 않았고, 욕심이 적어 만족할 줄 알아서(少欲知足) 탐욕과 성냄과 어리석음이 없이 항상 삼매에 잠겨서 밝은 지혜는 어디에도 걸림이 없었느니라.」

「그리고 거짓과 아첨하는 마음이 없고, 온화한 얼굴과 인자한 말씀으로 미리 중생들의 뜻을 알고 법을 설하여 주었느니라. 또한 용맹정진하여 뜻과 서원을 굽히지 않았고, 청정하고 높은 진리(淸白之

法)를 구하여 모든 중생에게 은혜를 베푸셨느니라.」

「삼보(三寶)를 공경하고 스승과 어른을 받들어 섬겼으며, 큰 장엄으로 여러 가지 행을 구족하여 모든 중생으로 하여금 공덕을 성취하게 하였느니라. 또한 그는 공(空) 무상(無相) 무원(無願)의 법에 머물러 모든 형상은 본래 만들어 진 것도 아니고(無作) 일어난 것도 아니므로(無起) 모든 존재는 변화하는 것임을 관(觀)하였느니라.」

「그리고 자기를 해치고 남을 해쳐 자신과 타인 모두에게 해로운 말을 멀리하고, 자기도 이롭고 타인도 이로워 자신과 타인 모두에게 이로운 좋은 말을 익혔느니라. 그래서 그는 나라와 왕위를 버리고, 재물과 처자의 인연까지도 끊어버리고, 스스로 육바라밀(六波羅蜜)65)을 닦으셨으며, 남에게도 이를 가르쳐 수행하도록 하였으니 이와 같이 그는 한량없는 세월동안 무수한 공덕을 쌓으셨느니라. 그래서 그가 태어나는 처소는 마음대로 자유자재하였

---

65) 육바라밀(六波羅蜜): 보살이 수행하는 여섯 가지 대도로 보시, 지계, 인욕, 정진, 선정, 지혜.

으며, 무량한 보배로운 법문이 저절로 우러나와 수 없이 많은 중생을 교화하여 안온하게 하고, 무상의 바른 진리를 깨닫게 하였느니라.」

9. 수행의 결과

「그는 때로는 장자(長者) 거사(居士)나 부유하거나 존귀한 재상이 되기도 하였으며, 혹은 찰제리의 국왕, 전륜성왕(轉輪聖王) 육욕천주(六欲天主)66) 로부터 범천왕에 이르기까지 원하는 대로 태어나서 항상 사사(四事)로써 일체제불을 공양하고 공경하였느니라. 이러한 공덕은 이루 다 말로 설명할 수 없느니라.」

「그의 입에서 나는 향기는 청결하여 마치 우발라화(優鉢羅華)67) 같고, 몸의 모든 털구멍에서는 전단향의 향기를 내어 그 향내음이 두루 무량세계를

---

66) 육욕천주(六欲天主): 타화자재천을 말함.
67) 우발라화(優鉢羅華): 연꽃의 종류로써 우발라화는 청련, 발다마화는 홍련, 구몰두화는 황련, 분다리화는 백련을 말함.

풍기느니라. 또 그 모습은 단정하고 상호는 뛰어났으며, 그의 손에서는 항상 무량한 보배와 의복과 음식 및 진기하고 미묘한 꽃과 향과 온갖 그림과 당번(幢幡) 등 장엄한 도구가 나왔느니라. 이와 같은 것들은 모든 천인들 것보다도 뛰어나고 훌륭한 것으로 그는 모든 법에 있어서 자유자재함을 얻었느니라.」

제2절 아미타불과 극락정토의 장엄

1. 정보(正報)의 장엄

1) 10겁전의 성불

아난이 부처님께 여쭈었다.

「법장보살은 이미 성불하여 열반에 드셨습니까? 아니면 아직도 성불하지 못하셨습니까? 지금 현재에도 계십니까?」

부처님께서 아난에게 말씀하시기를,

「법장보살은 이미 성불하여 현재는 서방(西方)에 계시는데, 그 세계는 여기서부터 십만억찰(十萬億刹)을 지나간 곳에 있으며, 그 부처님 세계의 이름은 안락(安樂)이라고 한다.」

아난이 또 여쭈었다.
「그 부처님이 성불하신지는 얼마나 됩니까?」

부처님께서 말씀하시기를,
「성불하신지는 무릇 십겁(十劫)이 지났느니라. 그 불국토는 금·은·유리·산호·호박·자거·마노 등 칠보로써 땅이 이루어져 있고, 넓고 광대하여 끝이 없느니라. 그 보배들은 서로 섞이어서 눈부시게 빛이 나고 아름다우며, 화려하고 청정하게 장엄된 것이 시방의 모든 세계의 것보다도 더 뛰어났는데, 그는 마치 육천(六天: 他化自在天)의 보배와도 같느니라. 또한 그 국토에는 수미산(須彌山)이나 금강철위(金剛鐵圍)와 같은 일체의 산이 없으며, 크고 작은 바다, 시내, 우물, 골짜기 등이 없지만, 보기를 원하면, 부처님의 신통력으로 바로 나타나느니라. 또한 지옥, 아귀, 축생 등 여러 고난에 가득한 악취(惡趣)도 없으며, 봄, 여름, 가을, 겨울 등의 사계절도 없어 춥거나 덥지도 아니하여 항상 온화하고 쾌적하느니라.」

그 때 아난이 부처님께 여쭈기를,
「세존이시여, 그 국토에 수미산이 없다면, 사천왕(四天王)과 도리천(忉利天)은 어디에 의지해 머무를 수 있습니까?」

부처님께서 아난에게 말씀하시기를,
「제3 염천(燄天)으로부터 색구경천(色究竟天)에 이르기까지 모든 천상들은 어디에 의지해 머물러 있느냐?」

아난이 부처님께 사뢰기를,
「자신이 지은 업력의 과보는 불가사의하므로 그

과보에 의지해 있습니다.」

부처님께서 아난에게 이르시기를,
「제불의 세계도 역시 불가사의하여 그 세계에 사는 모든 중생들도 지은 공덕과 선근의 힘으로 땅에 머물러 사느니라. 그러므로 수미산이 없더라도 아무런 불편이 없느니라.」

아난이 부처님께 사뢰기를,
「저는 이 법을 의심하지 않습니다. 다만 미래 중생들을 위하여 그들의 의혹을 풀어주기 위해 짐짓 여쭈어 보았습니다.」

2) 무량한 광명
부처님께서 아난에게 말씀하시기를,
「무량수불(無量壽佛)의 위신력과 광명은 가장 높고 뛰어나서 모든 부처님의 광명이 능히 미치지 못하느니라. 혹은 부처님의 광명은 백 부처님의 세계나 천 부처님의 세계를 비추기도 하나니, 이를 요

약하면, 동방의 항하사 불국토를 비추며, 남·서·북방 및 사유(四維)·상하에도 역시 이와 같으니라.

혹은 부처님의 광명은 일곱자를 비추기도 하고, 일유순 이·삼·사·오유순을 비추는데, 이와 같이 점차로 배가 되기도 하며, 또는 자유자재로 나아가서 한 불국토를 비추기도 하느니라.

그러므로 무량수불을 무량광불(無量光佛) 무변광불(無邊光佛) 무애광불(無碍光佛) 무대광불(無對光佛) 염왕광불(燄王光佛) 청정광불(淸淨光佛) 환희광불(歡喜光佛) 지혜광불(智慧光佛) 부단광불(不斷光佛) 난사광불(難思光佛) 무칭광불(無稱光佛) 초일월광불(超日月光佛)이라고 부르기도 하느니라.」

「중생들이 이러한 광명을 만나면 탐내고 성내고 어리석은 마음이 저절로 없어지고, 몸과 마음이 부드럽고 사냥해지며, 기쁨과 환희심이 넘치고 착한 마음이 저절로 우러나느니라. 만약 삼악도(三惡道)의 괴로움에서 이 광명을 보면 모두 휴식을 얻으며, 다시는 괴로움을 겪지 않고 목숨이 다한 뒤에 모두 해탈을 얻게 되느니라.」

「무량수불의 광명은 찬란하여 시방세계를 비추고 그 명성이 모든 불국토에 들리지 않는 곳이 없느니라. 이러한 것은 나 혼자만이 그 광명을 찬탄하는 것이 아니라 일체제불과 성문·연각·보살들도 모두 함께 한결같이 찬탄하느니라. 만약 중생이 그 광명의 위신력과 공덕에 대하여 듣고 밤낮으로 칭송하여 지극한 마음이 그치지 않는다면, 원하는 대로 그 나라에 태어나게 되며, 여러 보살들과 성문대중들이 그를 위하여 함께 찬탄하고 그 공덕을 칭찬할 것이니라. 그러한 후 깨달음을 이루었을 때 널리 시방세계 제불과 보살들이 그 광명을 찬탄함도 그와 같으니라.」

또 부처님께서 말씀하시기를,

「내가 밤낮으로 한 겁 동안 무량수불의 광명과 위신력의 위대하고 미묘함에 대하여 밤낮으로 일 겁 동안 설하여도 다할 수가 없느니라.」

3) 무량한 수명

부처님께서 아난에게 말씀하시기를,

「무량수불의 수명 매우 길어서 헤아릴 수 없는데 그대가 어찌 알겠는가? 가령 시방세계의 무량한 중생들이 사람의 몸을 받아 성문이나 연각이 되어 다 함께 모여 고요히 생각하고 한 마음(禪思一心)으로 자신들의 지혜를 다하여 백천만 겁 동안 그 수명을 계산하고 세어 보아도 그 끝을 다 알 수 없느니라. 또한 성문과 보살 및 천인들의 수명도 이와 같아서 세어 보거나 비유로도 능히 알 수 없느니라. 그런데 그 세계의 성문과 보살의 수가 한량없이 많은데 그들은 모두 지혜와 신통력이 통달하여 그 위신력이 자재하여 능히 손바닥 위에 일체 세계를 올려놓을 수도 있느니라.」

4) 무수한 대중

부처님께서 아난에게 말씀하시기를,

「저 부처님의 처음 법회 때에 모인 성문과 보살들의 수는 가히 헤아릴 수 없을 정도로 많았고, 지금의 대목건련(大目健連) 같은 이가 백천만억이나 되어 헤아릴 수 없을 정도로 많으니 아승지 나유타 겁이나 혹은 그들의 수명이 다할 때까지 헤아린다 하더라도 그 수효를 다 알 수는 없느니라. 비유하면, 깊이와 넓이가 한량없는 큰 바다에서 가령 어떤 사람이 가는 털 하나를 백개로 쪼개어서 그 하나의 터럭을 가지고 한 방울씩 적시어 낸다면, 너는 어떻게 생각하느냐? 그 털끝에 적신 바닷물과 큰 바닷물 중 어느 것이 많겠느냐?」

아난이 부처님께 사뢰기를,
「저 털 끝에 적신물과 큰 바닷물을 비교한다면, 그 많고 적음을 어찌 산수나 말로써 능히 헤아릴 수 있겠습니까?」

부처님께서 아난에게 말씀하기를,
「무량수불의 처음 법회 때 모인 성문이나 보살들의 수효는 목련존자와 같은 이들이 백천만억 나유타겁 동안 헤아려서 알 수 있는 숫자는 대단히 적으니라. 이는 마치 털끝에 묻은 물한 방울과 같고 헤아리지 못하는 숫자는 큰 바닷물만큼이나 되느니라.」

2. 의보(依報)의 장엄

1) 칠보수(七寶樹) 장엄

「또한 그 나라에는 칠보로 된 온갖 나무가 세계에 가득하다. 금으로 된 나무, 은나무, 유리나무, 파려나무, 산호나무, 마노나무, 자거나무 들이 있는데 혹은 두 가지 보배, 세가지 보배, 내지 일곱 가지 보배가 합하여져서 이루어졌느니라.」

「혹은 금나무에 은으로 된 잎과 꽃과 열매가 달리기도 하고

은나무에 금으로 된 잎과 꽃과 열매가 달리기도 하며,

유리나무에 파려(玻瓈)로 된 잎과 꽃과 열매가 달리기도 하고

수정나무에 유리로 된 잎과 꽃과 열매가 달리기

도 하며,

　산호나무에 마노로 된 잎과 꽃과 열매가 달리기도 하고

　마노나무에 유리로 된 잎과 꽃과 열매가 달리기도 하며,

　자거나무에 여러 가지 보배로 된 잎과 꽃과 열매가 달리기도 하느니라.」

「어떤 보배나무는 자마금(紫磨金)의 뿌리와 백은의 줄기, 유리의 큰 가지, 수정의 작은 가지, 산호의 잎, 마노의 꽃, 자거의 열매가 달렸느니라.

　또 어떤 보배나무는 백은의 뿌리와 유리의 줄기, 수정의 큰 가지, 산호의 작은 가지, 마노의 잎, 자거의 꽃, 자마금의 열매가 달렸느니라.

　어떤 보배나무는 유리의 뿌리와 수정의 줄기, 산호의 큰 가지, 마노의 작은 가지, 자거의 잎, 자마금의 꽃, 백은의 열매가 달렸느니라.

　어떤 보배나무는 수정의 뿌리와 산호의 줄기, 마노의 큰 가지, 자거의 작은 가지, 자마금의 잎, 백은의 꽃, 유리의 열매가 달렸느니라.

어떤 보배나무는 산호의 뿌리와 마노의 줄기, 자거의 큰 가지, 자마금의 작은 가지, 백은의 잎, 유리의 꽃, 수정의 열매가 달렸느니라.

어떤 보배나무는 마노의 뿌리와 자거의 줄기, 자마금의 큰 가지, 백은의 작은 가지, 유리의 잎, 수정의 꽃, 산호의 열매가 달렸느니라.

어떤 보배나무는 자거의 뿌리와 자마금의 줄기, 백은의 큰 가지, 유리의 작은 가지, 수정의 잎, 산호의 꽃, 마노의 열매가 달렸느니라.

이와 같은 보배나무들은 가지런히 줄을 지어 있는데, 줄기와 줄기는 서로 마주 보고, 가지와 가지가 서로 이어져 있으며, 잎과 잎이 서로 향하고, 꽃과 꽃이 서로 이어져 있으며, 열매와 열매가 서로 닿아 있느니라. 그 아름다운 모습은 찬란한 광채에 눈이 부시어 바라볼 수 없으며, 때때로 맑은 바람이 불면 다섯 가지 소리(五音聲)68)를 내니 미묘한 궁(宮) 상(尙)의 음악소리가 저절로 서로 조화를 이루느니라.」

---

68) 오음(五音): 宮, 商, 角, 徵, 羽.

「또한 무량수불이 계시는 도량의 나무는 높이가 4백만 리이고, 그 밑둥의 둘레는 50 유순(由旬)이며, 그 가지와 잎은 사방으로 20만리나 퍼져있으며, 온갖 보배로 자연히 이루어져 있고 월광마니(月光摩尼)와 지해륜보(持海輪寶)와 같은 보배 중의 보배로 장엄되어 있느니라. 그리고 작은 가지 사이로는 보배로 된 영락이 드리워져있는데 그 색깔은 백천만 가지로 다르게 변하여 한량없는 광명이 끝없이 빛나고 있느니라. 아름다운 보배의 그물이 덮여있나니, 일체 장엄이 곳에 따라 나타나 있느니라.」

2) 법음수(法音樹) 장엄

「미풍이 서서히 불면 모든 가지와 잎을 움직여서 무량한 묘음의 음성을 연출하는데, 그 소리가 흘러 모든 불국토에 울려 퍼지느니라. 그 소리를 듣는 사람은 무생법인(無生法忍)을 얻어 불퇴전지(不退轉地)에 머물고, 불도(佛道)에 이를 때까지 귀가 청정하고 투철하여 괴로움과 병환을 만나지 않으며, 눈으로 그 모습을 보고, 귀로 그 소리를 들으며, 코로 그 향기를 맡고, 혀로 그 맛을 보며, 몸으로 그 빛의 촉감을 느끼고, 마음으로 그 인연을 생각하느니라. 따라서 일체 모든 깊고 깊은 법인(法忍)을 얻어 불퇴전지에 머물러 불도에 이를 때까지 육근(六根)이 청정하여 모든 번뇌와 병환이 없느니라.」

「아난아, 저 국토의 사람들로서 나무를 보는 자는 삼법인(三法忍)을 얻으니 첫째는 음향인(音響忍)이며, 둘째는 유순인(柔順忍)이며, 셋째는 무생법인(無生法忍)이니라. 이것은 모두 무량수불의 위신력(威神力)69) 때문이며, 본원력(本願力)70) 때문이며, 만족원(滿足願)71) 때문이며, 명료원(明了願)72) 때문이며, 견고원(堅固願)73) 때문이며, 구

---

69) 위신력(威神力): 부처님의 열 가지 힘등을 말하며, 위력의힘.
70) 본원력(本願力): 보살이 수행할 때 세운 원력.
71) 만족원(滿足願): 5 겁 동안 사유하여 48원을 선택하여 만족해 하는 원.
72) 명료원(明了願): 임기응변이 없는 명확한 원.
73) 견고원(堅固願): 나의 행은 정진하고 인욕하여 후회

경원(究竟願) 74)때문이니라.」

부처님께서 아난에게 말씀하시기를,

「세간의 제왕들은 백천가지의 음악을 들을 수 있고, 전륜성왕으로부터 제육천(第六天)에 이르면 기악과 음악이 천억만배나 수승해 지느니라. 그리고 제육천에 있는 만가지 음악은 무량수국에 있는 칠보나무 가운데 하나의 음성만도 못하며, 그보다 천억배나 더 수승 하느니라. 또한 그 곳에는 자연스럽게 울리는 만가지 기악이 있으며 그들의 음악 소리는 모두 진리를 말하는 법음(法音)이 아닌 것이 없으니, 맑고, 애절하며, 미묘하고, 온화하여(淸凉哀亮微妙和雅) 시방세계의 음악 소리 가운데 가장 뛰어나느니라.」

3) 칠보누각과 연못의 장엄

또 강당과 정사(精舍)와 궁전과 누각이 있는데 모두 칠보로 장엄되어 있으며, 이들은 모두 자연히

없이 세워진 원.
74) 구경원(究竟願) : 세간을 초월하여 본원을 성취한 원.

생긴 것이다. 그 위에는 진주와 명월마니 등의 여러 가지 보배로 엮은 그물이 덮여있느니라. 그 안 밖과 좌우에는 여러 가지 목욕할 수 있는 연못이 있는데, 그 크기는 십 유순, 이십 유순, 삼십 유순 나아가서 백 유순 이나 되는 것도 있느니라.

가로 세로 깊이가 모두 같고, 맑고 깨끗한 팔공덕수(八功德水)75)가 가득 차 있는데, 청결하며 향기롭기가 마치 감로수(甘露水)와 같느니라.

황금 연못 바닥에는 백은 모래가 깔려 있고,
백은 연못 바닥에는 황금 모래가 깔려 있으며,
수정 연못 바닥에는 유리 모래가 깔려 있고,
유리 연못 바닥에는 수정 모래가 깔려 있으며,
산호 연못 바닥에는 호박 모래가 깔려 있고,
호박 연못 바닥에는 산호 모래가 깔려 있으며,
자거 연못 바닥에는 마노 모래가 깔려 있고,
마노 연못 바닥에는 자거 모래가 깔려 있으며,

---

75) 팔공덕수(八功德水): 여덟 가지의 공덕의 물, 깨끗하고, 윤택하며, 냄새가 없고, 가볍고, 시원하고, 부드럽고, 아름답고, 마시기에 적당하고, 마시고 나서도 근심이 없는 물.

백옥 연못 바닥에는 자금 모래가 깔려 있고,

자금 연못 바닥에는 백옥 모래가 깔려 있으며,

혹은 한 가지, 두 가지, 세 가지 내지 칠보로 이루어졌느니라.

연못가의 언덕에는 전단향 나무가 있는데, 꽃과 잎이 드리워져 있으며 그 향기는 널리 퍼져 있느니라. 그리고 그 물 위에는 천상의 우발라화(優鉢羅華) 우담발화(優曇發華) 구물두화(拘物頭華) 분타리화(分陀利華)의 찬란한 빛이 서로 어우러져서 가득 덮고 있느니라.

그 곳의 보살과 성문들은 이 보배 못에 들어가서 마음 속으로 물이 발까지 잠기기를 바라면, 물이 발까지 잠기며, 무릎까지 닿기를 바라면 무릎까지 이르며, 허리까지 닿기를 바라면 허리까지, 목까지 닿기를 바라면 목까지 이르며, 온 몸을 씻고자 하면 저절로 목욕을 하게 되고, 다시 원래대로 돌아가기를 바라면 물은 곧 원상태로 돌아가느니라. 차고 따뜻하게 하는 것도 자연히 마음에 바라는 대로 되느니라.

그리고 그 연못에서 목욕을 하게 되면 정신이 맑아지고 온몸이 상쾌하여 마음의 때가 씻어지느니라. 또한 그 물은 너무나 맑고 투명하여 마치 물이 없는 것처럼 보이며, 보배로 된 모래는 환하게 드러나 아무리 깊은 곳일지라도 비치지 않는 곳이 없느니라.

물결은 굽이쳐 흐르다가 서로 합해져서 빠르지도 느리지도 않고 잔잔하게 흐르며, 한량없이 아름다운 소리가 저절로 나고, 듣고자 바라는 대로 모든 소리를 다 들을 수 있느니라. 혹은 부처님의 음성을 듣고(聞佛聲) 혹은 진리의 소리를 듣고(聞法聲) 혹은 스님의 소리를 들으며(聞僧聲) 고요한 소리(寂靜聲) 공 무아의 소리(空無我聲) 대자비의 소리, 바라밀의 소리, 십력(十力) 무외(無畏) 불공법(不共法)의 소리, 모든 신통력의 소리(諸通慧聲) 조작이 없는 진리의 소리(無所作聲) 나고 멸함이 없는 소리(不起滅聲) 무생법인의 소리(無生法忍聲) 내지 감로관정(甘露灌頂) 등 여러 가지 미묘한 진리의 소리를 듣기도 하느니라.

이와 같은 소리를 듣는 사람들은 듣는 바에 따라서 한량없는 환희심을 내어 마음이 청정해 지고, 탐욕심이 없어져서 적멸한 진실의 뜻에 따르게 되느니라. 또한 삼보력(三寶力)과 무소외(無所畏)와 불공법(不共法)을 수순하여 지혜를 통달한 보살과 성문들이 행한 도를 따르게 되느니라. 따라서 거기에는 삼악도와 고난 등의 이름조차도 없으며, 오직 자연스럽게 흘러나오는 상쾌하고 즐거운 소리(自然快樂之音)만이 있을 뿐이므로 그 나라의 이름을 안락(安樂)이라고 하느니라.

3. 정토의 안락

1) 왕생인의 덕상

「아난아 저 불국토에 왕생하는 모든 사람들은 이와 같이 청정한 몸과 여러 가지 미묘한 음성과 신통력 등의 공덕을 구족하게 되며, 그들이 거처하는 궁전과 의복과 음식 및 여러 가지 미묘한 꽃과 향 등의 장엄구들이 갖추어져 있는데 이는 마치 육욕천(六欲天)에서 저절로 나오는 것(自然之物)과도 같느니라.

만약 음식이 먹고 싶을 때에는 칠보로 된 그릇이 저절로 앞에 나타나는데 금, 은, 유리, 자거, 마노, 산호, 호박, 명월주, 진주 등으로 만든 여러 가지 그릇들이 생각하는 대로 나타나고, 갖가지 맛있는 음식들이(百味飮食) 저절로 가득하게 되느니라.

비록 이러한 음식이 있을지라도 실지로 먹는 것이 아니며, 다만, 그 빛깔과 향기를 보고 들어 마음으로 먹으면 자연히 배가 부르게 되느니라(實無食者 但見色聞香 意以爲食 自然飽足). 몸과 마음이 유연해져서 맛에 탐착하지 아니하고 식사를 마치고 나면 그릇과 음식은 자연히 사라지며, 식사 때가 되면 다시 나타나느니라.

저 불국토는 청정하고 안온하며, 미묘하고 쾌락하여(淸淨安穩 微妙快樂) 무위열반(無爲涅槃)의 경계에 버금가느니라. 그 곳에 있는 성문과 보살과 천인 및 사람들은 지혜가 매우 밝고 신통이 자재하며, 모두 같은 모습으로 다르게 생긴 사람이 없으나(咸同一類 形無異狀) 다만 다른 세계의 인연에 수순하여 인간과 천상의 이름이 있을 뿐이니라. 그들의 얼굴과 모습이 단정하고 미묘하여 세상에서 뛰어나고 매우 드물며, 용모가 미묘하여 천인도 아니고 인간도 아니며, 모두 자연의 허무의 몸(虛無之身)과 무극의 몸(無極之體)을 받았느니라.」

2) 걸인의 비유
부처님께서 아난에게 말씀하시기를,
「비유하자면, 이 세상의 가난한 거지가 임금의 옆에 앉아 있는 것과 같으니 그 모습과 형상이 어떠하겠느냐?」

아난이 부처님께 사뢰기를,
「가령 거지가 임금 곁에 있다면 파리하고 누추하고 더럽기가 비유할 수 없을 정도이며, 그 차이는 백천만억배나 되어 가히 헤아릴 수 없을 것입니다. 그 까닭은 가난한 사람은 대단히 천한 사람이므로 옷은 몸을 가리지 못하고 음식은 겨우 목숨을 부지할 정도로만 먹어서 항상 굶주리고 춥고 괴로움에 시달려서 사람의 도리는 거의 못하고 있습니다.

  이러한 것은 과거 전세에 공덕은 심지 않고, 재물을 모으기만 하고 베풀지 않았습니다. 그들은 부유하면서도 더욱 재물에 대해 욕심을 내어 오직 황당무개하게 가지려고만 하여 탐내고 구함에 있어 조금도 싫어함이 없었습니다. 또한 착한 일은 행하지 않고 악한 일만 범하여 산처럼 쌓였기 때문입니다.

  그러다가 목숨을 다하게 되면 애써서 모아놓은 재물은 다 사라지고, 몸에는 고통만 쌓여서 이것이 근심과 괴로움의 원인이 되니 자기에게는 아무런 이익이 없으며, 도리어 그 이익은 남에게 돌아가고 말게 됩니다. 그러므로 자신이 믿을 만한 선도 닦지 않았으며, 믿을 만한 공덕도 쌓지 않았으므로 죽어서 악도에 떨어져 오랫동안 고통을 받다가 죄업을 다하여 악도를 벗어난다고 하여도 천하고 어리석고 비천하여 사람의 모습으로 보여질 뿐입니다.」

「세상의 임금이 존귀한 까닭은 모두 다겁 생으로부터 쌓은 공덕 때문입니다. 자비심으로 은혜를 널리 베풀고 어진 마음과 사랑으로 많은 사람들을 구제하며, 신의(信義)를 지키고 착한 일을 행하고 남의 뜻을 거역하거나 싸운 일이 없었습니다.

그러다가 목숨이 다하게 되면 지은바 복에 따라서 선도(善道)에 태어나게 되니 천상에 태어나서 이러한 복락(福樂)을 누리게 됩니다. 그리고 선을 쌓은 것이 있기 때문에 지금 사람 몸을 받아 왕가로 태어나서 저절로 존귀한 신분이 되고, 위의와 용모는 단정하여 여러 사람들의 공경의 대상이 되며, 좋은 의복과 귀한 음식을 마음대로 입고 먹으니 그것은 모두 과거 다겁 생으로부터 지은 공덕의 결과로 이와 같이 될 수 있기 때문입니다.」

3) 극락대중의 용모

부처님께서 아난에게 말씀하시기를,

「아난아 그대의 말이 옳으니라. 그러나 비록 임금은 인간 중에서는 존귀하고 형색이 단정해 보이지만, 전륜성왕(轉輪聖王)과 비교하면 매우 비루하기가 마치 거지가 임금 옆에 있는 것과도 같으니라. 전륜성왕의 위엄 있는 모습은 미묘하고 수승하여 천하에 제일이니라. 그러나 이것도 도리천왕(忉利天王)과 비교하면 또한 추하고 비루하여 그 모습을 견줄 수 없기가 마치 만억 배나 되느니라. 그러나 도리천왕도 육욕천왕(六欲天王)과 비교하면 견줄 바가 못되느니라. 또한 가령 이러한 육욕천왕도 무량수불국(無量壽佛國)의 보살이나 성문들과 비교하면 빛나는 얼굴과 단정한 용모의 차이는 백천 만억 배나 되어 가히 헤아릴 수 없느니라.」

4) 천인의 즐거움

부처님께서 아난에게 말씀하시기를,

「무량수국에 있는 모든 천인들의 의복과 음식, 꽃, 향, 영락, 비단 일산, 당번과 미묘한 음악과 거처하는 저택과 궁전과 누각 등은 각각 그 형색에 맞추어서 높고 낮으며, 크고 적으니라. 또 한 가지 보배나 두 가지 보배 내지 무량한 보배로 이루어졌는데, 그들이 바라는 대로 생각에 따라서 나타나느 니라(隨意所欲 應念卽至).

또한 여러 가지 보배로 된 미묘한 옷이 그 땅에 깔려 있느니라. 모든 천인들이 그것을 밟고 거닐 며, 무량한 보배 그물이 온 불국토를 뒤덮고 있는 데 그것은 모두 금실과 진주와 백천 가지의 온갖 보배로 기묘하고 진귀하며 장엄하게 꾸며져 있느니 라. 또한 사방에 두루 드리워져 있는 보배 방울은 찬란히 빛나며, 그 장엄함은 극에 달해있느니라.

자연히 덕스러운 온화한 미풍이 불어오면 그 바 람은 잘 조화되어 춥지도 않고 덥지도 않으며, 서 늘하고 따뜻하며, 부드러워 세지도 약하지도 않느 니라. 이러한 바람이 모든 그물과 보배나무를 스쳐 지나가면 한량없이 미묘한 법음을 내고, 만가지 온 화한 덕의 향기를 풍기느니라. 이 소리를 듣고 향 기를 맡은 사람은 세속의 모든 번뇌와 마음의 때가 저절로 사라지며, 그 바람이 몸에 닿으면 모두 쾌 락을 얻게 되느니라. 이를 비유하면 비구가 멸진삼 매(滅盡三昧)를 얻는 것과도 같으니라.」

「또한 바람이 불면 꽃잎이 온 불국토에 가득 차는데, 그 꽃의 색깔에 따라 서로 어울려서 혼란스럽지 않으며, 유연하게 빛나고 그윽한 향기를 풍기느니라. 발로서 꽃잎을 밟으면 아래로 네 치나 들어가고, 발을 떼면 다시 전과 같이 올라오며, 꽃잎이 다 시들면 땅이 바로 갈라져 땅 속으로 깨끗하게 흔적 없이 사라지느니라. 계절에 따라 바람이 불면 꽃이 흩날리는데, 이와 같이 하기를 하루에 여섯 번씩 되풀이되느니라.

또한 여러 가지 보배로 된 연꽃이 세계에 가득히 피어 있는데, 보배 꽃송이마다 백천억 개의 꽃잎이 있고, 그 꽃잎의 광명은 한량없는 빛깔로 이루어져 있느니라. 푸른 연꽃에서는 푸른빛이 나고, 흰 연꽃에서는 흰빛이 나며, 검은 연꽃에서는 검은빛이 나고, 노란 연꽃에서는 노란빛이 나며, 붉은 연꽃에서는 붉은 빛이 나고, 자주색 연꽃에서는 자주빛이 나는데, 화려하고 찬란하기가 마치 하늘의 해와 달과도 같으니라.

그리고 하나 하나의 꽃잎마다 삼십육 백천억의

광명을 발하고, 그 하나 하나의 광명 속에 삼십육 백천억 부처님이 나투시는데, 몸은 자마금색이고 그 상호는 특별히 수승 하느니라. 한 분 한 분의 모든 부처님들은 백천 가지 광명을 비추시어 널리 시방의 중생을 위해 미묘한 법을 설하시느니라. 이와 같이 모든 부처님들은 각각 한량없는 중생들을 부처님의 바른 도리 안에 편안히 머물게 하시느니라.」

『無量壽經』卷下

제3절 극락왕생의 인연

1. 범부의 왕생

1) 정정취(正定聚)의 나라

부처님께서 아난에게 말씀하시기를,

「저 극락국에 태어나는 중생들은 모두 정정취(正定聚)76)에 머물게 되느니라. 그 까닭은 그곳에는 사정취(邪定聚)77)나 부정취(不定聚)78)가 없기 때문이니라. 시방세계의 항하사와 같이 많은 모든 부처님들도 무량수불의 불가사의한 위신력과 공덕을 찬탄하시느니라. 모든 중생들은 그 명호를 듣고 신심을 내어 기뻐하거나 혹은 한 생각만이라도 지극한 마음으로 회향하여 극락국에 태어나기를 발원한다면 바로 왕생하여 불퇴전에 머물게 될 것이니라. 오직 오역죄를 저지른자와 정법을 비방한 자는 제

---

76) 정정취(正定聚): 부처가 되는 불퇴전의 자리.
77) 사정취(邪定聚): 죄악을 범한 자로서 반드시 지옥에 떨어지는 것이 정해진 사람.
78) 부정취(不定聚): 어느 것도 결정되지 않은 존재.

외되느니라(聞其名號 信心歡喜 乃至一念 至心回向 願生彼國 卽得往生 住不退轉 唯除五逆 誹謗正法).」

2) 삼배왕생(三輩往生)

① 상배왕생(上輩往生)
부처님께서 아난에게 말씀하시기를,
「시방세계의 모든 천인과 사람들 가운데는 그 나라에 태어나기를 지극히 바라는 이들에는 세 가지 무리들(三輩)이 있느니라.

그 중에 상배자(上輩者)란 집을 나와서 욕심을 버리고 사문이 되어 보리심을 내어 오로지 한결같은 마음으로 무량수불을 염하며(一向專念 無量壽佛) 여러 가지 공덕을 닦아 극락세계에 왕생하기를 원하는 사람들이니라.

이러한 중생의 목숨을 마칠 때에 여러 대중과 함께 그 사람 앞에 나투시느니라. 그러면 그는 바로 그 부처님을 따라(卽隨彼佛) 극락국토에 왕생하여 칠보로 된 연꽃 가운데 저절로 화생(化生) 하여 불퇴전의 경지에 머물며, 지혜와 용맹을 갖추고 신통이 자재하게 되느니라.

그러므로 아난아 이 세상에서 아미타불을 친견하고자 원하는 사람은 마땅히 위없는 보리심을 내어 공덕을 닦고 그 나라에 태어나기를 원해야 하느니라.」

② 중배왕생(中輩往生)

부처님께서 아난에게 말씀하시기를,

「중배자(中輩者)란 시방세계의 여러 천인과 사람들 중에서 지극한 마음으로 그 나라에 태어나기를 원하는 자로써 비록 출가하여 사문이 되어 큰 공덕은 쌓지 못하였지만, 마땅히 위없는 보리심을 내어 오로지 한결같은 마음으로 무량수불을 염하느니라(一向專念 無量壽佛). 이들은 다소의 착한 일도 하고 계율도 받들어 지키며, 탑을 세우고 불상을 조성하며, 스님들에게 공양도 올리고 부처님 전에 비단으로 만든 천개(天蓋)도 걸고 등불도 밝히며, 꽃도 뿌리고 향도 사루며, 이러한 공덕을 회향하여 극락세계에 왕생하기를 원하는 사람들이니라.

　이러한 중생이 목숨을 마칠 때에 무량수불이 몸을 화현(化現)으로 나투시는데, 그 광명과 상호가 실제 부처님과 같은 모습으로 여러 대중들과 함께 그 사람앞에 나타나시느니라. 그러면 그는 바로 그 화현의 부처님을 따라(卽隨化佛) 극락국에 왕생하여 불퇴전에 머물게 되니 공덕과 지혜는 상배의 다음에 가느니라.」

③ 하배왕생(下輩往生)

　부처님께서 아난에게 말씀하시기를,

「하배자(下輩者)란 시방세계의 여러 천인과 사람들 중에서 지극한 마음으로 그 나라에 태어나기를 원하는 자로써 비록 여러 가지 공덕은 짓지 못하였지만, 마땅히 위없는 보리심을 내어 오로지 한결같은 뜻으로 내지십념만이라도 무량수불을 염하면서 (一向專意 乃至十念 念無量壽佛) 그 국토에 태어나기를 원해야 하느니라. 또는 심오한 법을 듣고 환희심으로 믿고 즐거워하여 의혹을 일으키지 아니하고 한 생각만이라도 저 무량수불을 생각하여(乃至 一念 念於彼佛) 지극한 마음으로 그 나라에 태어나기를 원하는 사람들이니라.

　이러한 사람이 목숨을 마칠 때에 꿈에서 부처님을 뵈옵고 왕생하게 되며(夢見彼佛) 공덕과 지혜는 중배의 다음에 가느니라.」

　2. 보살과 성중의 왕생
　부처님께서 아난에게 말씀하시기를,
「무량수불의 위신력은 다함이 없으므로 시방세계의 한량없이 많은 모든 부처님께서 찬탄하지 않으신 분이 없느니라. 저 동방의 항하의 모래와 같이 많은 불국토의 수많은 모든 보살들도 다 무량수불이 계시는 곳에 와서 공경하고 공양하느니라. 그리고 모든 보살들과 성문 대중들은 무량수불이 설하는 가르침을 듣고서는 널리 중생을 교화하느니라. 이러한 도리는 남, 서, 북방과 사유(四維)와 상, 하의 모든 불국토의 보살들도 이와 같으니라.」

3. 찬탄송

이 때 부처님께서 게송을 읊으셨다.

동방의 여러 불국토는
항하의 모래 수처럼 많은데
그 나라 보살대중들이
무량수불(無量覺) 찾아 뵙네.

남 서 북방 사유와
위와 아래 또한 같아
그 나라 보살대중들도
무량수불(無量覺) 찾아 뵙네.

일체의 모든 보살들이
하늘의 미묘한 꽃과 보배로운 향과
한량없이 비싼 옷을 가져와서
무량수불(無量覺)에게 공양하네.

모두들 천상음악 연주할 때

밝고 곱고 화평한 노래 불러
가장 높은 부처님을 찬탄하여
무량수불(無量覺)께 공양하네.

신통과 지혜 모두 통달하여
심오한 법문에 노닐면서
공덕장(功德藏)을 구족하니
미묘한 지혜 짝할 이 없네.

태양 같은 지혜로서 이 세상을 비추어
생사의 구름 없애주니
보살들이 공경하여 세 번 돌고
위없는 부처님께 머리 숙여 예배하네.

청정하고 장엄한 저 국토의
미묘하고 불가사의함을 보고
무상심을 발하므로 인연하여
나의 국토 그와 같이 되어지길 발원하네.

그 때 무량수불(無量覺)께서
반가운 얼굴로 미소지으시니
입에서 무수한 광명이 나와(口出無數光)
시방세계 두루 비추시네(徧照十方國).

그 광명이 되돌아서 몸을 감싸고
세 번 돈 뒤 정수리로 들어가니
일체 모든 천인 대중
펄쩍 뛰며 모두 함께 기뻐하네.

그 때 관세음보살이
옷깃 여미고 머리 숙여 여쭙기를
부처님께서 무슨 일로 웃으신지
그 까닭을 일러주소서.

우뢰처럼 우렁찬 범음성(梵音聲)으로
여덟 가지 미묘한 소리를 내어
내 이제 보살들께 수기 주리니
이 말을 똑똑히 명심하여라.

시방세계에서 모여든 저 보살들
저마다 지닌 소원 내가 모두 알고 있으니
(吾悉如彼願)
지성으로 장엄하고 청정한 국토 원하면
반드시 수기 받아 부처가 되리라.

일체 법이 꿈과 같고 허깨비 같으며
메아리 같은 줄을 밝게 깨닫고
미묘한 소원 모두 이루게 되면
반드시 이와 같은 극락국토 성취하리라.

모든 법이 번개나 그림자 같음을 깨닫고
끝까지 보살도를 닦아 행하여
여러 가지 공덕 두루 갖추면
반듯이 수기 받아 성불하리라.

모든 법의 성품 공하며
무아임을 통달하고
오직 청정 불국토를 구하면

반드시 이와 같은 극락국토 성취하리라.

여러 세계 부처님들 보살에게 이르기를
안양국의 부처님(安養佛)을 찾아가서 친견해라
법문 듣고 기꺼이 받아 행하면
청정한 저 국토를 하루 속히 얻으리라.

장엄한 정토(嚴淨國)에 가기만 하면
바로 신통 묘용 두루 갖추고
반드시 무량수 부처님(無量覺)께 수기 받아서
위없는 깨달음을 성취하리라.

저 부처님 본원력(本願力)에 의하면
그 이름만 듣고도 왕생하길 원하는 자는
모두 다 그 나라에 이르러
저절로 불퇴전에 이르게 되리라.

보살들이 지극한 원을 세워

자신이 사는 땅이 극락과 다름없기를 바라고
모든 중생 제도하기를 생각한다면
그 이름 시방세계 두루 떨치리라.

수많은 부처님을 섬기는 일로
모든 국토 두루 날아다니며
기쁜 마음으로 공경한 후에
다시 안양국(安養國)에 돌아오리라.

전생에 착한 공덕 못 쌓은 이는
이 경의 가르침 들을 길 없으며
청정한 계행을 지킨 이라야
부처님 바른 법문 들을 수 있네.

일찍이 부처님을 친견한 이는
즉시에 이러한 일을 능히 믿어서
겸손하게 공경하며 듣고 받들어 행해
펄쩍 뛰며 크게 기뻐하리라.

교만하고 악하고 게으른 사람은(憍慢弊懈怠)
이 법문 만나도 믿기 어렵지만(難以信此法)
전생에 부처님 친견한 이는(宿世見諸佛)
이와 같은 가르침 즐거이 들으리라
(樂聽如是敎).

성문이나 보살들은
부처님의 거룩한 마음 다 알지 못하네
비유하면 날 때부터 눈먼 사람이
길을 가면서 다른 사람 인도하는 것과도 같네.

여래의 크신 지혜 바다는
깊고도 넓어서 끝이 없으니
성문이나 보살로는 헤아릴 수 없고
오로지 부처님만이 홀로 분명히 아시네.

가령 모든 사람이
구족하게 모두 다 도를 이루어

청정한 지혜로써 본래 공함을 깨닫고
억 겁 동안 부처님 지혜 생각하고서

있는 힘 다하여 끝까지 강설하여도
목숨이 다하도록 알지 못하리
부처님 지혜는 한량이 없어
이와 같이 청정한 곳에 이르게 되리라.

이 목숨 오래 살기 매우 어렵고(壽命甚難得)
부처님 만나 뵙긴 더욱 어려우며(佛世亦難値)
사람으로 믿음과 지혜 갖추기 심히 어려우니
(人有信慧難)
좋은 법문 들었을 때 힘써 닦으라
(若聞精進求).

법문 듣고 잊지 않으며
친견하고 공경하여 큰 경사 얻으면
나의 착한 친구가 되니
그러므로 마땅히 발심 하여라.

설령 온 세계에 불길이 가득하여도
반드시 뚫고 나아가 불법을 들어
마침내 불도를 이루어서
생사에 헤매는 중생을 구제하리라.

제4절 정토의 안락

1. 보살과 대중의 덕상

부처님께서 아난에게 말씀하시기를,
「저 국토의 보살들은 모두 마땅히 구경의 일생보처(一生補處)79)에 이르게 되느니라. 그러나 그 본원에 의해 중생을 위한 큰 서원의 공덕으로 스스로 장엄하여 널리 일체 중생을 제도하여 해탈시키고자 하는 보살들은 일생보처에 머무는 것에서 제외되느

---

79) 일생보처(一生補處): 미혹의 경계에 묶여 있는 것은 이번 생이 마지막이므로 이번 생을 지나면, 다음에는 깨달음을 얻을 수 있는 존재.

니라.

 아난아 저 불국토 안에 있는 모든 성문들의 몸에서 나오는 광명은 한질(一尋)이 되며, 보살의 광명은 일백유순을 비추느니라. 그런데 그 중에서 두 보살이 가장 존귀한데 위신력과 광명이 널리 삼천대천세계를 비추느니라(威神光明 普照三千大天世界).」

 아난이 부처님께 여쭈기를,
「그 두 보살의 이름은 무엇입니까?」

 부처님께서 말씀하시기를,
「한 보살은 관세음보살(觀世音菩薩)이고, 또 한 보살은 대세지보살(大勢至菩薩)이라고 하느니라. 이 두 보살은 이 사바세계에서 보살행을 닦았으며, 수명이 다하자 몸을 바꾸어(命終轉化) 저 극락국에 태어났느니라.」
「아난아 저 나라에 태어나는 중생들은 모두 삼십이상(三十二相)을 갖추고, 지혜가 충만하며, 모든

법에 깊이 들어가 요지와 오묘한 뜻을 끝까지 추구
하여 깨닫고 신통력이 자재하며, 육근이 밝고 예리
하리라. 그러므로 아무리 둔한 근기(鈍根者)라고
할지라도 두 가지 인(成就二忍)은 성취하고, 근기
가 수승한 사람(利根者)은 헤아릴 수 없는 무생법
인(無生法忍)을 얻느니라. 또한 저 보살들은 성불
할 때까지 삼악도에 떨어지지 않고, 신통이 자재하
며, 항상 숙명통(宿命通)을 얻느니라. 다만 일부러
타방의 오탁악세(五濁惡世)에 태어나 중생들과 같
은 모습으로 나투고자 하는 사람(示現同彼)은 나의
국토에 왕생하는 것에서 제외되느니라.」

2. 보살들의 공양

부처님께서 아난에게 말씀하시기를,
「저 국토의 보살들은 아미타불의 위신력에 힘입
어 한번 식사하는 사이에 한량없는 시방세계를 다
니면서 모든 부처님을 공경하고 공양하느니라. 마
음으로 생각한 대로 꽃과 향기, 음악, 일산과 깃발

등 무량무수한 공양구가 저절로 나타나느니라(自然化生). 이러한 것들은 생각하는 대로 바로 나타나는데(應念卽至) 진귀하고 미묘하고 특별하여 이 세상에서는 볼 수 없는 것들이니라.

곧 이것을 가지고 모든 부처님과 보살, 성문, 대중들에게 받들어 뿌리면, 이것이 허공 중에서 꽃과 일산으로 변화하며, 그 광명은 찬란하게 빛나고 향기는 널리 퍼지느니라. 그 꽃은 둘레가 4백 리나 되며, 이와 같이 점차로 커져서 삼천대천세계를 뒤덮는 것도 있느니라. 공양이 끝나면 꽃들은 차례로 변하여 없어지느니라.

모든 보살들은 다 같이 매우 기뻐하며, 허공에서 함께 하늘의 음악을 연주하고(共奏天樂) 미묘한 소리로 부처님의 공덕을 노래로서 찬탄하느니라(歌歎佛德). 그리고 부처님의 법문을 듣고 한량없이 기뻐하느니라. 부처님께 공양을 올리고 난 보살들은 식사를 다하기도 전에 홀연히 가볍게 날아 본국인 극락국으로 돌아오느니라.」

3. 법문의 공덕

부처님께서 아난에게 말씀하시기를,

「무량수불께서 여러 성문과 보살 대중을 위하여 법을 설하실 때에는 모두 칠보로 된 궁전에 모이게 하여 가르침을 널리 선포하고 오묘한 법을 설하시면, 이를 듣는 이들은 환희심에 넘치고 마음이 열려서 깨달음을 얻지 못한 이가 없느니라. 이 때 사방에서 자연히 미풍이 불어와서 보배 나무를 스치면 다섯 가지 소리(五音)가 울려 펴지고, 무량하고 미묘한 꽃이 바람에 실려와서 비오듯이 흩날리느니라. 이와 같은 자연의 공양이 끊이지 않고 모든 천인들도 모두 천상의 백천 가지 꽃과 향과 만 가지의 악기를 가지고 와서 부처님과 보살과 대중들에게 공양하느니라. 그들은 널리 꽃을 뿌리고 향을 사르며, 여러 가지 음악을 연주하면서 앞뒤를 오고 가며 서로 번갈아 가면서 공양하는데 그 때의 즐거움은 이루 말로 다할 수가 없느니라.」

4. 보살과 성중의 자리이타의 공덕

1) 보살대중의 마음가짐

부처님께서 아난에게 말씀하시기를,

「극락세계에 태어난 모든 보살들은 법을 설할 수 있는데, 언제나 바른 법(正法)만을 설하고 부처님의 지혜를 따름(隨順智慧)에 있어서 잘못되거나 빠뜨리는 것이 없느니라. 그 국토에 있는 모든 물건들에 대하여 내 것이라는 마음이 없으니(無我所心) 그것에 대한 집착하는 마음도 없느니라(無染着心). 그리하여 가고 오고 나아가고 머무는 데에 조금도 인정에 걸림이 없고 뜻에 따라 자유자재 하느니라. 또한 친한 이나 서먹서먹한 이도 없으며, 너와 나의 차별이 없으니 다툼도 없고 시비도 없으며, 모든 중생들을 대자비로 이익케 하는 마음(饒益心)뿐이니라. 부드럽게 조복시켜 원한의 마음이 없으며(無忿限心), 번뇌를 여의고 청정하여 게으른 마음이 없으며(無厭之怠心), 평등한 마음(等心) 수승한 마음(勝心), 깊은 마음(深心), 안정된 마음(定心),

법을 사랑하고(愛法心), 법을 즐기며(樂法心), 법을 기뻐하는 마음(喜法心)뿐이니라. 모든 번뇌를 없애 악취의 마음을 여의고(離惡趣心) 모든 보살들이 행한 바를 닦아 한량없는 공덕을 구족하고 성취하느니라.」

2) 보살의 오안(五眼)

「그들은 깊은 선정과 육신통(六神通)과 삼명통(三明通)과 지혜를 얻어 뜻은 칠각지(七覺支)에 머물러 마음은 불법을 닦느니라. 육안(肉眼)은 맑고 밝아서 사물을 분명하게 보지 못함이 없고, 천안(天眼)을 통달하여 보는데 한량이 없으며, 법안(法眼)으로는 현상계의 이치를 관찰하여 도를 성취하고, 혜안(慧眼)으로는 진리를 보아 피안에 이를 수 있게 하며, 불안(佛眼)을 구족하여 법성(法性)을 깨닫느니라.」

3) 보살의 지혜

「그리고 보살들은 걸림 없는 지혜(無礙智)로 중

생을 위하여 불법을 연설하고, 삼계가 본래 공하여 집착하고 취할 바가 없음을 관찰하며, 뜻은 오로지 불법을 구하는 데만 두어서 모든 변재를 갖추어 중생의 번뇌로 인하여 생기는 병을 없애느니라. 여래로부터 생기는 법은 여여(如如)함을 알고, 선을 닦고 악을 멸하는 가르침의 방편(音聲方便)을 잘 알아 세속의 말은 좋아하지 않고 정법의 진리만을 즐거이 말하느니라(不欣世語 樂在正論). 또한 여러 가지 선행을 닦고 마음은 항상 부처님의 도를 숭상하며, 일체의 법은 모두 적멸(寂滅)함을 깨달아 육신(生身)과 번뇌의 두 가지를 다 여의었느니라. 깊고 깊은 심오한 법을 들어 마음의 의혹과 두려움이 없이 한결같이 올바르게 수행하느니라.」

「그들의 대비(大悲)는 심원하고 미묘하여 보살피지 않는 중생이 없으며, 일승법(一乘法)을 끝까지 밝혀서 피안에 이르게 하느니라. 의혹의 그물을 끊었으므로 지혜는 마음에서 우러나고 부처님의 가르침을 남김없이 아느니라. 지혜는 바다와 같고 삼매는 수미산과 같으며, 지혜의 빛은 해와 달보다도 밝고 맑으며, 청정하고 깨끗한 불법을 원만히 갖추 느니라.」

4) 보살의 마음

「그리고 보살의 마음은 마치 설산(雪山)과 같아서 모든 공덕을 평등하게 비추고,

마치 대지와도 같아서 깨끗하고, 더럽고, 좋고, 나쁘고의 차별심이 없으며,

마치 청정한 물과 같아서 번뇌의 여러 가지 때를 씻어내고,

마치 타오르는 불꽃과 같아서 일체 번뇌의 섶을 태워 없애며,

마치 태풍과 같아서 모든 세계에서 일어나는 장애를 없애고,

마치 허공과 같아서 일체의 모든 존재에 집착하는 바를 없애며,

마치 연꽃과 같아서 모든 세간의 더러움에 물들지 않고,

마치 대승(大乘)과 같아서 모든 중생을 태우고

생사의 바다를 벗어나게 하며,

마치 두터운 구름과 같아서 법의 천둥을 쳐서 깨닫지 못한 중생을 깨우치게 하고,

마치 큰비(大雨)와 같아서 감로수와 같은 법을 내려 중생들의 마음을 윤택하게 하며,

마치 금강산과 같아서 여러 마구니와 외도들도 움직일 수 없고,

마치 범천왕과 같아서 모든 훌륭한 법 가운데 가장 으뜸이 되며,

마치 니구류나무(尼拘類樹)[80]와 같아서 널리 모든 것을 덮고,

마치 우담발화 같아서 희유하여 만나기 어려우며,

마치 금시조(金翅鳥)와 같아서 외도들을 위엄으로 조복시키고,

마치 날아다니는 새와 같아서 모아 두거나 쌓아

---

80) 니구류수 Nyagrodha 나구타, 니구율, 니구류타라고도 함. 키가 큰 나무로 높이가 30-50척이나 되며, 가지와 잎이 무성하여 더위를 피하기 좋은 나무임. 가섭불은 이 나무 밑에서 깨달음을 얻었다고 함.

두는 것이 없으며,

 마치 황소의 왕과 같아서 능히 그를 이길 수 있는 이가 없고,

 마치 코끼리왕과 같아서 삿된 무리들을 조복 받으며,

 마치 사자왕과 같아서 두려울 바가 없느니라.」

「그리고 보살의 마음은 넓은 허공과 같아서 대자비심을 평등하게 베풀고,

 질투심하는 마음을 끊어 버렸기에 이기려고 하지 않으며,

 오로지 법을 구하는 것을 즐겨하여 싫어하거나 만족해하는 마음이 없고,

 항상 법을 널리 설함에 있어서 피로하다고 생각하거나 게으름을 피우려는 뜻은 아예 없느니라.

 불법의 북을 치고, 불법의 깃발을 세우며, 지혜의 태양을 비추어 중생의 어리석고, 우매함을 제거하고, 항상 육화경(六和敬)81)을 닦으며, 늘 법보시

---

81) 六和敬: 수행자가 화합하여 서로 존경하는 여섯 가지 덕목.
   1. 身和敬, 2. 口和敬, 3. 意和敬, 4. 戒和敬, 5. 見和

(法布施)82)를 행하여 용맹하게 정진하여 마음에 물러나려는 나약한 생각이 없느니라.」

5) 보살대중의 공덕

「또한 보살들은 세상의 등불이 되어 가장 수승한 복전(福田)이 되고, 항상 중생을 인도하는 스승이 되어 사랑하고 미워하는 차별이 없으며, 오직 바른 진리(正道)만을 좋아하지 다른 기쁨이나 슬픔은 없느니라. 모든 탐욕심을 뽑아내어 중생을 편안하게 하기 때문에 그 공덕과 지혜가 수승하므로써 존경하지 않는 이가 없느니라.」

「보살들은 삼구(三垢)83)의 장애를 없애고 온갖 신통력에 자재하며, 직접적인 원인의 힘(因力), 간접적인 연의 힘(緣力), 의지의 힘(意力), 서원의 힘(願力), 방편의 힘(方便力), 끝내 변하지 않는

敬, 6. 利和敬
82) 법보시(法布施) 남에게 베푸는 보시 중 가장 으뜸인 부처님의 진리를 베푸는 것. 이외에도 재보시(財布施) 무외시(無畏施)
83) 삼구(三垢) 세가지의 번뇌로서 탐진치(貪瞋癡) 삼독(三毒)을 의미함.

힘(常力), 선을 행하는 힘(善力), 선정의 힘(定力), 지혜의 힘(慧力), 법문을 듣고 얻는 힘(多聞力), 보시의 힘(布施力), 지계의 힘(持戒力), 인욕의 힘(忍辱力), 정진의 힘(精進力), 선정의 힘(禪定力), 지혜의 힘(智慧力) 등 육바라밀의 힘(六波羅蜜力) 바르게 생각하는 힘(正念力), 바르게 관찰하는 힘(正觀力), 육신통의 힘(六神通力), 삼명의 힘(三明力), 법답게 모든 중생을 조복 시키는 힘(調伏力) 등을 모두 갖추었느니라.」

「또한 보살들은 그 몸매와 상호와 공덕과 변재를 두루 갖추어 장엄하였으므로 비길만한 사람이 없으며, 그들은 무량한 제불을 항상 공경공양하므로 여러 부처님들도 그들을 함께 칭찬해 주시느니라. 그리고 보살들은 모든 바라밀을 끝까지 수행하여 공삼매(空三昧), 무상삼매(無相三昧), 무원삼매(無願三昧)와 나고 멸함이 없는 삼매(不生不滅三昧) 등의 모든 삼매를 닦아 성문과 연각의 경계를 멀리 여의느니라.」

「아난아 저 모든 보살들은 이와 같이 한량없는

공덕을 성취하였느니라. 나는 지금 그대를 위하여 간략히 설했을 뿐이니, 만약 자세히 말한다면 백천만억 겁 동안 설해도 다 말할 수 없느니라.」

제5절 세간의 고통

1. 정토왕생을 권함

부처님께서 미륵보살과 모든 천인들에게 말씀하시기를,

「무량수국의 성문과 보살들의 공덕과 지혜는 이루 다 말할 수 없고, 또한 그 나라의 미묘하고 안락하며 청정한 것은 지금까지 말한 바와 같으니라.

어찌하여 힘써 선을 행하며, 도의 자연스러움을 믿어 상하 귀천의 차별 없이 평등하고 막힘 없이 자유로운 생활을 구하지 않는가? 각자 부지런히 노력하고 정진하여 스스로 구하면 반드시 윤회의 고리를 끊고 안양국(安養國)에 왕생하여 단숨에 오악취(五惡趣)를 끊게 되리니, 악도는 저절로 패쇄되며, 성불의 길에 오르게 되느니라. 가기 쉬운 극락에는 가는 사람이 없고(易往而無人) 그 나라에 가는 일은 어느 누구도 방해하지 않으며(其國不逆違) 자연히 이끌려서 가게 되느니라(自然之所牽). 그런데도 어찌하여 세상일을 버리지 않고 부지런히 수행하여 성불의 덕을 구하지 않는가? 극락세계에 왕생하면 수명과 즐거움이 다함이 없느니라(可獲極樂生 壽樂無有極).

2. 고뇌의 세간

1) 탐욕의 허물

① 세상 사람의 탐욕

「그러나 세상 사람들은 저속하여 급하지도 않는 일로 서로 다투므로 모진 죄악과 큰 고통 속에서 몸을 수고로이 하며, 오로지 자신의 생활만을 위하여 허덕이고 있느니라. 그것을 위해서는 신분의 높고 낮음도 관계없고, 가난하거나 부자도 관계없으며, 남녀노소도 관계없이 모두가 재물만을 구하기를 시름하며, 이는 돈이 많은 이나 없는 이도 모두 같으니라.」

「그리하여 두려워하고, 불안해하며, 근심하고, 고통스런 생각을 거듭 쌓아 마음으로 헛되게 욕심을 부려 편안할 때가 없느니라. 땅이 있으면 땅을 걱정하고, 집이 있으면 집을 걱정하며, 소나 말 등 육축(六畜)84)이나 노비, 재물과 옷, 음식 등 모든 물건을 걱정하고 생각을 거듭하며, 한탄을 계속하고 걱정하며 두려워하느니라.

그러나 뜻밖에도 수재나 화재를 입거나 도적을 맞기도 하며, 원한 있는 집안이나 빚쟁이 때문에 재물을 물에 떠내려 보내기도 하고, 불태우거나 빼앗기기도 하니 흩어져 없어지느니라. 이로 인한 근심으로 자책하고 놀라 근심에서 벗어날 때가 없고, 분한 마음을 품어 근심과 번뇌를 여의지 못하며,

---

84) 六畜: 소, 말, 돼지, 닭, 개, 염소 등의 여섯 가지 동물을 말함.

마음과 생각이 굳어서 헤어나지 못하느니라. 혹 재난으로 몸이 상하여 목숨을 다하게 되면 재물은 버리고 가야 하지만, 어느 것 하나도 죽음까지 따라가는 것은 없느니라.」

② 부귀한 사람의 탐욕

「이는 존귀한 사람이나 부자에게도 이러한 근심이 생기기는 마찬가지이며, 이와 같은 근심과 고통은 끝이 없으니 마치 결국 갖가지 근심과 두려움은 추운 곳에나 무더운 곳에 사는 고통과 같으니라.」

③ 가난한 사람의 탐욕

「그런데 가난하고 천한 사람은 빈궁하여 항상 가진 것이 없고, 논밭이 없으면 논밭을 가지려고 애를 쓰며, 집이 없는 것도 걱정이어서 집을 가지려고 하고, 소, 말, 육축과 노비와 재물과 옷, 음식 등 모든 물건이 없는 것을 걱정하여 이를 가지려고 하느니라. 마침내 한가지를 가지게 되면 다시 하나가 부족하고, 이것이 있으면 저것이 적어 항상 모든 것을 다 가지려고 하느니라. 간혹 다 가지게 되기도 하지만, 곧 다시 잃게 되느니라.」

「이와 같이 근심하고 괴롭게 재물을 구하여 다시 찾아도 그때마다 얻을 수 있는 것은 아니니라. 생각해도 아무런 이익이 없고, 몸과 마음만 수고로울 뿐이며, 앉으나 서나 불안하고 근심이 끊이지 않으며, 이와 같은 근심과 고통은 끝이 없으니 마치 결국 갖가지 근심과 두려움은 추운 곳에나 무더운 곳에 사는 고통과 같으니라. 혹 때로는 그로 인하여 목숨을 잃기도 하지만, 평소에 착한 일을 행하지도 않았고, 도를 닦거나 공덕을 쌓지 않았으므로 목숨이 다한 뒤에 죽어서 홀로 저승의 길을 가게 되며, 윤회하여 악도에 떨어지지만, 어느 곳이 좋고 어느 곳이 나쁜지조차도 알지 못하고 가야하느니라.」

2) 성냄의 허물

① 내세에 원수로 서로 헤치는 허물
「세상 사람들이여, 부모와 자식, 형제, 부부와

가족, 일가, 친척간에는 마땅히 서로 공경하고 사랑해야지 결코 미워하거나 시기하지 말지니 있고 없는 것을 서로 도와서 탐하거나 아끼지 말며, 말과 안색은 항상 부드럽게 하여 서로 거스르지 말아야 하느니라. 혹 어느 때는 서로 다투어서 분한 마음을 내는 것이 금생에는 그 원한이 적고 미워하는 정도가 사소해 보이지만, 내세에는 그 마음이 심해져 큰 원수가 되고 마느니라. 어찌하여 그러한가 하면, 세상의 일이란 서로 미워하고 괴롭혀도 바로 서로의 사이가 깨어지지 않지만, 금생에 이를 풀지 못하고 죽으면서 독을 품고 노여움을 쌓고 마음에 분한을 품으면 자연히 깊이 새겨지고 자라나서 여의지 못하기 때문에 다음 생에는 다 함께 같은 세상에 원수로 태어나서 다시 서로 크게 보복하게 되느니라.」

② 내세 악도의 허물

「인간은 세간의 애욕 속에서 홀로 태어나고 홀로 죽으며 홀로 가고 홀로 오느니라. 자기가 지은 고통과 즐거움은 자기 스스로 감당할 뿐 어느 누구도 대신해 줄 사람이 없느니라. 선과 악은 변화하여 재앙과 복덕으로 서로 달리하여 미리 엄격하게 결정되어 기다리고 있으니 마땅히 홀로 받아야 하느니라. 서로 멀리 다른 곳에 태어나면 볼 수 없으니 이는 선, 악의 행위의 결과이므로 자연의 도리에 의해 각기 지은 바 소행에 따라서 태어날 뿐이니라.」

③ 서로 헤어져 만나기 어려운 허물

「그리하여 가는 길은 멀고도 어두워 서로 헤어져 있는 기간이 매우 길며, 가는 길이 서로 다르기 때문에 다시 만나 볼 기약이 없으니 서글프고 아득하여 다시금 만나기는 참으로 어려운 일이 아닐 수 없느니라. 그런데도 어찌하여 속세의 어지럽고 너절한 일을 버리지 않고, 몸이 젊고 건강할 때 힘써 선행을 행하고 정진하여 고해를 벗어나려고 하지 않는가? 또한 어찌하여 영원한 생명을 얻을 수 있는 진리의 대도를 구하려고도 하지 않는가? 도대체 무엇을 기대하고 어떠한 즐거움을 바라고 있는가?」

3) 어리석음의 허물

「이와 같이 세상 사람들은 선을 행하면 좋은 과보를 받으며 도를 닦으면 도를 얻는 다는 것을 믿지 않고, 또한 사람이 죽으면 다시 태어나며 은혜를 베풀면 복을 받는 것을 믿지 않느니라. 선과 악의 엄연한 사실을 도무지 믿지 않고 부정하여 마침내 복을 받지 못하느니라. 그렇기 때문에 잘못된 견해를 서로 서로 보고 배워서 앞사람이 하는 것을 뒷사람들이 똑 같이 행하여 서로 이어 받아 아버지는 자식에게 교훈으로 남기려고 하느니라.

선인(先人)인 조상들은 평소에 모두 선을 닦지 않고, 도덕을 알지 못하므로 몸은 어리석고 정신은 어두우며, 마음은 막히고 생각은 옹졸하여 죽고 사는 생사의 이치와 선악의 도리를 스스로 알 수도 없고, 또 이를 말해서 가르쳐 주는 사람도 없느니라. 그러므로 각각 길흉화복의 업보를 다투어서 짓기 때문에 한 사람도 인과의 도리에서 벗어나지 못하는 것이 조금도 괴이하지 않느니라.」

① 자타가 함께 우는 허물
「살아 있는 것은 반드시 죽는다는 사실은 변함없는 도리로서 영원히 이어져 가는 것이니라. 어떤 부모는 자식을 잃고 울기도 하고, 어떤 자식은 부모를 잃고 울기도 하며, 형제, 부부간에 서로 소리내어 울기도 하느니라. 죽음에 있어서 상하가 뒤바뀌어 차례가 없다는 것은 인생무상이 근본(無常根本)이기 때문이니라. 모든 것은 참으로 빨리 지나가고 보전될 수 없음을 가르쳐 깨닫게 하지만, 이를 믿는 사람이 적어(敎語開導 信之者少) 끊임없이 생사윤회를 거듭하여 쉬지 않느니라.」

② 악을 지어 고통받는 허물
「이와 같은 사람은 미망 때문에 눈이 어두워 옳고 그름을 분별하지 못하고 덤비며, 경전의 가르침을 믿지 않느니라(曚冥低突 不信經法). 마음은 멀리 앞을 내다보는 지혜가 없어 각자의 쾌락만을 바

라고 있느니라. 어리석게도 애욕에 미혹되어 도덕을 깨닫지 못하고, 미움과 분노에 빠지며, 때로는 굶주린 이리와도 같이 재물과 여색을 탐내어 여기에만 머물러 도를 얻지 못하느니라. 그러므로 다시 삼악도의 고통에 빠져 생사윤회가 끝이 없으니 슬프고 슬픈 일로서 매우 상심 할만 하느니라.」

③ 친척이 서로 그리워하는 허물

「어떤 때는 한 가족 중 부모나 자식, 형제나 부부 가운데 한 사람이 먼저 죽고 한 사람은 살아 남아 서로 슬퍼하고 애달파하며 그리움과 근심에 얽매이고 마음은 비통하여 서로 잊지 못하며 날이 가고 해가 지나도 맺힌 마음은 풀리지 않느니라. 그러므로 참된 진리의 길을 가르쳐주건만 마음이 열리지 않고, 죽은 이의 은혜와 애정만을 생각하면서 욕정을 여의지 못하며, 마음은 혼미하고 답답하여 어리석은 미혹에 뒤덮이게 되느니라.

따라서 깊이 생각하여 잘 헤아리거나 마음을 스스로 가다듬어 열심히 도를 행할 수 없으며, 세상

일을 끊어 버리지 못하고 우왕좌왕하다가 죽음에 이르게 되면 도를 얻을 수 없으니 어찌할 수 없느니라.」

④ 미혹을 지어 고통받는 허물

「세상은 혼탁하고 마음은 어지럽고 번거로워 모든 애욕을 탐하니 도를 의심하는 사람은 많고 진리를 깨닫는 사람은 적으니라. 세간의 일이란 부질없이 바쁘기만 하니 믿고 의지 할만한 것이 없느니라. 그리고 존귀하거나 천하거나 윗사람이나 아랫사람이나 가난하거나 부자거나 모두가 부지런히 애쓰고 바빠 힘쓰다가 서로 이해관계로 각기 살기가 있는 독을 품게되는데, 이 악한 기운이 마침내 도리에 어긋나 큰 재앙을 일으키게 되느니라.」

「이렇듯이 천지의 바른 도리를 거스르고 인간의 참다운 도리를 따르지 않기 때문에 저절로 그릇된 도리는 앞을 다투어 거듭되고 그것이 쌓이고 쌓이면 다만 극악한 죄업의 결과만을 기다릴 뿐이니라. 그래서 그 수명이 다하기도 전에 별안간 그 목숨을 빼앗아가서 악도에 떨어뜨리고 마는 것이니, 여러 생을 거듭하면서 괴로움을 받게 되느니라. 그리고 그 악도 가운데서 돌고 돌며 수천 억겁의 오랜 세월이 지나도 벗어날 기약이 없으며, 그 고통은 이루 헤아릴 수 없으니 참으로 가련하고 불쌍한 일이니라.」

3. 거듭 왕생을 권함

1) 부지런히 정진하라

부처님께서 미륵보살과 천인들에게 말씀하시기를,

「나는 지금까지 그대들에게 세간사(世間事)에 대하여 말하였느니라. 사람들은 이 때문에 세상의 일에 얽매여서 도를 얻지 못하나니, 마땅히 깊이 깊이 생각하여 어려울지라도 모든 악을 멀리 여의고 옳은 것을 선택하여 부지런히 행하여야 하느니라. 인간의 애욕과 부귀영화는 오래 보존할 수 없고 모두 덧없이 흩어지고 마는 것이니 즐길만한 것이 못되느니라. 그러나 다행히 부처님이 계신 때를 만났으니 마땅히 부지런히 정진해야 하느니라.」

「그리고 정성을 다하여 안락국(安樂國)에 왕생하기를 바라는 자는 지혜가 밝게 통달하고 수승한 공덕을 성취할 것이니라. 모름지기 마음의 욕심대로 행동하지 말고 부처님의 가르침과 계율을 거스르지 말 것이며, 옳은 일을 할 때에는 남보다 뒤쳐져서는 아니 되느니라. 만일 의심이 있거나 가르침을 이해하지 못하는 사람이 있다면 모두 내게 물어라. 마땅히 그를 위하여 말해주겠느니라.」

2) 미륵보살의 찬탄

미륵보살이 무릎을 꿇고 부처님께 여쭈었다.

「부처님께서는 위신력이 존귀하시고 말씀하신 바는 참으로 시원하고 훌륭하십니다. 부처님의 말씀을 듣고 마음 깊이 생각하니, 세상 사람들은 참으로 천박하여 부처님께서 말씀하신 바와 같습니다. 이제 부처님께서 자비로 중생을 애민이 여기시어 대도(大道)를 드러내 보여주시니 귀가 열리고 눈이 밝아져 길이 해탈을 얻게 되었습니다. 이러한 부처님의 말씀을 듣고 환희하지 않는 이가 없습니다. 모든 천인과 사람, 미물 곤충(蠕動之類)85)에 이르기까지 모두 부처님의 자비로우신 은혜를 입고 근심과 괴로움에서 벗어날 수 있게 되었습니다. 부처님께서 말씀하신 가르침은 매우 깊고 훌륭하며 지혜는 밝게 상하, 팔방, 과거, 현재, 미래의 모든 것을 두루 비추어 통하지 않는 곳이 없습니다.」

「이제 저희들이 제도를 받게 된 것은 모두 부처님께서 과거에 깨달음을 구할 때에 겸허하게 고행을 하신 덕입니다. 은혜는 널리 미치고 복과 덕은 태산보다 높으며, 부처님의 광명은 두루 비치어 공의 도리를 통달하여 열반에 들게 하십니다. 부처님께서는 경전을 가르치기도 하며, 때로는 위엄으로 제압하여 교화하시니 시방세계를 감동케 함이 끝이 없습니다. 부처님께서는 진리의 왕이시고 그 존귀하심은 모든 성인보다 뛰어나시어 널리 일체 천상

---

85) 연동지류(蠕動之類): 몸을 움직이는 곤충의 종류. 곤충 등의 미물.

이나 인간들의 스승이 되고, 중생들의 마음속에 원하는 바에 따라서 모두 도를 얻게 하십니다. 이제 부처님을 뵈옵고 무량수불에 대한 말씀을 들었으므로 기뻐하지 않는 이가 없고 마음이 열려 밝아지게 되었습니다.」

3) 진리의 요점
부처님께서 미륵보살에게 말씀하시기를,

「그대의 말이 옳으니라. 만약 부처님을 따르고 공경하게 되면 진실로 큰 선근공덕이 되느니라. 천하에 부처님의 출세가 희유하신대(久久)[86] 지금 출현하셨느니라. 지금 내가 이 세상에서 성불하여 불법을 연설하고 깨달음의 가르침을 널리 펴서 온갖 의혹의 그물을 끊고 애욕의 뿌리를 뽑아 모든 죄악의 근원을 막았으며, 삼계를 두루 다니는데 걸림이 없느니라.

그리고 이 경전의 지혜는 모든 도 가운데 요긴한

---

86) 구구(久久): 부처님이 세상에 출현하심이 드문 것을 말함.

것이고, 가장 중요한 것을 지니고 있으며, 소상하고 분명하니라. 내 이제 이 법문을 오취(五趣)87)의 중생에게 열어 보여 아직 제도하지 못한 중생을 해탈케 하여 결정코 생사를 여의고 열반의 길로 인도하고자 하느니라.」

「미륵이여 마땅히 알아라. 그대는 헤아릴 수 없는 오랜 겁 이전부터 보살행을 닦아 중생을 제도하고자 한지 이미 오래 되었으며, 그대로 인하여 깨달음을 얻어 열반에 이른 사람들의 숫자는 이루 말할 수 없이 많으니라. 그대를 비롯하여 시방세계의 천인과 사람 및 사중(四衆)88)들이 영겁 이전부터 오도(五道)89)를 돌아다니면서 두려워하고 받은 고통은 말할 수 없고, 현세에 이르기까지 생사의 윤회를 다 끊지 못하고 있느니라. 그런데 다행스럽게도 부처님을 만나 경의 법문을 듣고 또한 무량수불에 대해서 듣게 되었으니 어찌 통쾌하고 기쁘지 않

---

87) 오취(五趣): 지옥, 아귀, 축생, 인간, 천상 등 다섯 가지 중생. 오악취(五惡趣) 오도(五道)라고도 함.
88) 사중(四衆): 사부대중, 비구, 비구니, 우바세, 우바이 등을 말함.
89) 오도(五道): 오악취를 말함.

겠는가?」

4) 의혹중생 변지탄생(邊地誕生)
「나는 그대들에게 기쁨을 더해 주고자 하느니라. 그대들은 이제 스스로 나고, 죽고, 늙고, 병들어 가는 괴로움을 싫어해야 하느니라. 이 세상에는 언제나 죄악이 넘치고 부정하여 진정한 즐거움은 없는 것이니 모름지기 몸을 단정히 하고 마음을 바르게 하여 더욱더 많은 선행을 닦도록 해야 하느니라. 인격을 닦고 몸을 청결하게 하며, 마음의 때를 없애고 말과 행동을 성실히 하여 안과 밖이 서로 같아야 하느니라. 또한 자신을 잘 다스리고 점차로 다른 사람도 구제하며, 맑은 정신으로 깨달음을 구하고 서로 권하여 선근을 쌓아야 하느니라.」

「그러면 비록 한 생 동안의 수고로운 고통은 겪지만, 그것은 잠깐 사이에 지나가고, 다음 생에는 무량수불의 나라에 태어나 쾌락(快樂)이 한량없으며, 진리의 덕을 밝히고 얻어 생사의 뿌리를 영원히 뽑아 다시는 탐욕과 분노와 어리석음의 고뇌의 근심이 없게 되느니라. 그리고 그 수명은 일 겁, 백 겁, 천만억 겁을 살려고 하면 자재롭게 뜻에 따라 얻을 수 있느니라. 극락세계는 자연히 함이 없는 도를 얻어 열반의 도에 이를 수 있느니라(無爲自然 次於泥洹之道).」

「그대들은 모름지기 각각 정진하여 마음으로 원하는 바를 구해야 하느니라. 만약 의혹을 일으켜 도중에 후회하여 그만 두면 스스로 허물이 되어 얻을 수 없고, 저 극락세계의 변두리에 있는 칠보궁전에 태어나서 5백년 동안이나 여러 가지 재난을 겪어야 하느니라(求心所願 無得疑惑中悔 自爲過咎 生彼邊地 七寶宮殿 五百歲中 受諸厄也).」

미륵보살이 부처님께 사뢰기를,

「부처님의 간곡하신 가르침을 받들어 오로지 정성을 다하여 닦고 배워서 가르침대로 받들어 행하고 결코 의심하지 않겠습니다(如敎奉行 不敢有疑).」

제6절 오탁악세(五濁惡世)

1. 총설

부처님께서 미륵보살에게 말씀하시기를,

「그대들이 이 세상에서 마음을 단정히 하고 생각을 바르게 하여 모든 악을 짓지 않으면, 매우 훌륭한 공덕이 되어 시방세계에서 가장 뛰어나서 비교할 것이 없느니라. 이러한 이유는 모든 불국토의 천인들은 저절로 선을 행하고(自然作善) 큰 악을 짓지 않으므로 교화하기가 지극히 쉽기 때문이니라. 그러나 이제 내가 이 사바세계에서 부처가 되어 오악(五惡)[90]과 오통(五痛)[91]과 오소(五燒)[92]의 지극한 고통 속에 있는 중생들을 교화하여 오악을 버리게 하고, 오통을 제거해주고, 오소를 여의

---

[90] 오악(五惡): 살생, 도둑질, 사음, 거짓말, 음주 등의 오계를 범하는 행위
[91] 오통(五痛): 오악을 저지른 자가 받는 고통.
[92] 오소(五燒): 다섯 가지 악에 의해 지옥, 아귀, 축생의 고통을 받음. 불에 타는 것에 비유함.

게 하며, 그 뜻을 조복받고 교화시켜 오선(五善)93)
을 수지하여 복덕과 제도와 장수와 열반을 얻게 하
리라.」

부처님께서 이어서 말씀하시기를,
「어떤 것이 오악이고, 어떤 것이 오통이며, 어떤
것이 오소인지를 말하며, 그리고 어떻게 하여야 오
악을 없애고, 오선을 수지하여 복덕과 제도와 장수
와 열반을 얻을 수 있을 것인지에 대하여 말하여
주리라.」

2. 살생의 악

부처님께서 말씀하시기를,
「첫 번째 악이란 이와 같으니라. 모든 천인이나
인간을 비롯한 미물 곤충에 이르기까지 온갖 악을
지으려고 하는데, 그렇지 않는 존재들이 없느니라.
강한 자는 약한 자를 억누르고 나아가 서로 죽이

---

93) 오선(五善): 오계(五戒)를 말함.

며, 해를 끼치고 살육하여 서로 번갈아 가면서 물어뜯기만 하지, 착한 일은 할 줄 모르는 극악무도한 짓만 하므로 죽어서는 재앙과 벌을 받아 저절로 악도에 떨어지게 되느니라. 신명(神明)94)은 그의 행동을 기록하여 알고 있어 죄를 저지른 자를 용서하지 않으므로 가난한 사람, 천한 사람, 거지, 고아, 고독한 사람, 귀머거리, 장님, 벙어리, 바보, 포악한 사람, 미치광이, 불구자 등이 있느니라. 그러나 한편 존귀한 사람, 부자, 뛰어난 재주가 있는 사람, 지혜가 밝은 사람들이 있는데, 그들은 모두 과거 세에 자비와 효행을 행하였으며, 선을 쌓았기 때문이니라.」

「세상에는 인간이 살아가면서 지켜야 하는 상식적인 법도(常道)가 있으며, 나라에는 국법과 감옥이 있는데, 삼가지 않고 나쁜 짓을 하여 죄를 짓게 되면, 그에 따르는 재앙과 벌을 받게 되어 벗어나려고 하여도 벗어나기 어려우니라. 이러한 일은 이

---

94) 신명(神明): 천지신명을 말함. 중생의 神識을 의미하기도 하지만, 여기서는 천지신명으로 보는 것이 옳음.

세상에서 우리들의 눈앞에서 흔히 일어나는 일로써 항상 볼 수 있는 일이니라.

그러다가 목숨이 다하여 후세에 받는 괴로움은 더욱 심각하고 험난하느니라. 어두운 저승(幽冥)에 가서 몸을 받아 다시 태어나는데, 이를 현세의 왕법에 비유하면 그 고통스러움은 극형에 처해진 것과 같으니라. 그러므로 피할 길 없이 자연히 삼악도의 한량없는 고통을 받게 되며, 계속하여 몸은 바뀌어 다른 모습을 취하게 되고, 태어나는 처소도 달리하여 수명을 받게 되는데, 때로는 길고, 때로는 짧기도 하며, 그 영혼(魂神情識)은 저절로 그 몸을 따라 가느니라. 마땅히 태어날 때는 혼자 태어나지만 전생에 원한이 있으면 서로 같은 곳에 태어나서 다시 보복하기를 그치지 않으며, 그 악업이 다할 때까지 서로 떠날 수 없느니라. 그러므로 악도의 굴레를 벗어날 기약이 없고, 해탈하기도 어려우니 그 고통은 이루 말로서 다할 수 없느니라.」

「이와 같이 천지간에는 자연히 인과의 도리가 엄연하게 있어 비록 즉시에 갑자기 나타나지는 않는

다고 하여도 응당히 선과 악에 따라서 그 업보는 반드시 돌아가고 마느니라. 그리하여 이것은 첫 번째의 큰 악이며(大惡) 현재에 받는 첫 번째의 큰 고통이며(一痛) 내세에 받을 첫 번째의 큰 불길(一燒)인데, 이와 같은 고통스러움을 비유하자면 큰 불길이 사람의 몸을 태우는 것과도 같으니라.

그리하니 사람으로 태어났을 때 능히 마음을 가다듬어 삿 된 마음을 억누르고 몸과 행동을 바르게 하여 오직 선을 행하고 악을 짓지 않으면 몸은 홀로 악도에서 벗어나며, 그 복덕으로 해탈하거나 혹은 하늘에 태어나거나 하여 열반의 도를 얻게 되니 이것이 첫 번째의 큰 선(一大善)이라고 하느니라.」

3. 도둑의 악

부처님께서 말씀하시기를,

「두 번째의 악이란 이와 같으니라. 세상 사람들은 부모, 자식, 형제, 부부, 가족 사이에 도무지 의리가 없고 법도를 따르지 않으며, 사치하고 음란하며, 교만하고 방종하여 각자의 쾌락만을 생각하여 자기 마음대로 행동하며, 서로 속이고 마음과 말이 각각 다르며, 말과 생각에 진실함이 없느니라.

또한 신하는 아첨만 하고 충성심이 없으며, 말을 꾸며서 하고 어진 사람을 질투하고 착한 이를 비방하여 원망스러운 처지에 빠뜨리느니라. 한편 임금은 밝은 안목이 없이 신하를 등용하므로 신하는 마음대로 사람들을 속이는 일이 많으며, 아첨하기 위하여 적당한 행동을 하느니라. 더러는 충실한 신하가 있어 나라의 법도를 잘 지키고 행동이 바르며, 나라를 잘 다스리는 경륜이 밝은 이가 있다고 할지라도 임금의 지위에 있으면서 바르지 못하면, 필경에는 어진 신하를 잃고 마는 것이니 이는 천심(天心)을 저버리는 일이니라.

신하는 임금을 속이고 자식은 부모를 속이며, 형제, 부부, 친척, 벗들이 서로 속이고, 탐욕과 노여움, 어리석은 마음을 품고, 스스로 자신들의 이익을 많이 가지려고 탐내고 소유하기를 바라느니라. 귀한 자나 천한 자나 아랫사람이나 윗사람의 마음가짐이 모두 그러하여 집안을 파멸시키고 자신을 망치며, 앞뒤를 돌아보지 않으므로 내외 가족이 이것으로 인하여 멸망하게 되느니라.

 또 어떤 때는 가족이나 친구, 마을 사람들 간에 어리석은 사람들이 모여 일을 함께 도모하다가 이해관계로 틀어지면, 서로가 미워하고 분노하며 원한심을 갖게 되느니라. 어떤 사람은 부자이면서도 인색하여 아끼기만 할뿐 베풀 줄은 모르고, 오직 보물을 좋아하여 더욱 욕심 내는 마음 때문에 마음은 수고롭고 몸은 고통스러워하느니라. 이와 같이 하여 필경에는 믿고 의지할 곳이 없어지며, 이러한 사람은 혼자 왔다가 혼자서 가므로 아무도 따르는 사람이 없느니라(獨來獨去 無一隨者). 선과 악, 재앙과 복덕은 몸을 받을 때마다 따라 다니므로 어떤 사람은 안락한 곳에 태어나고, 어떤 사람은 고통 속에 들어가게 되느니라. 그런 후에야 뉘우치지만 어찌 돌이킬 수 있겠는가?..」

 「세상 사람들은 어리석고 지혜가 부족하여(心愚少智)95) 착한 이를 보면 도리어 미워하고 비방하며, 사모하여 따르려고 하지 않지만, 다만 그릇된 일만을 좇아서 함부로 법도를 어기고 마느니라. 항상 도둑과 같은 마음을 품어 남의 이익을 바라며, 재물이 있으면 탕진하여 없애버리고는 다시 구하느니라. 바르지 않은 사심을 품기 때문에 항상 두려움으로 가득하여 남의 눈치를 살피며, 미리 헤아리는 마음이 없기 때문에 일을 당하여서야 후회하느니라. 금생에는 현행의 국법과 감옥이 있어 죄에 따라 재앙과 벌을 받아야 하며, 전생에 도덕을 믿지 않고 선을 닦지 않았으므로 금생에 다시 죄를 짓게 되느니라. 천신(天神)은 이를 반드시 명부에 기록하여 태어날 처소를 구별하며, 목숨이 다한 뒤에 악도에 떨어지게 하기 때문에 자연히 삼악도는 고통과 괴로움이 한량이 없느니라. 그 속에서 돌아다니며, 세세생생의 수많은 겁이 지날지라도 여기를 벗어날 기약이 없으니 그 고통은 이루 말로써 다하기 어려우니라. 이것이 두 번째의 큰 악이고,

---

95) 심우소지(心愚少智): 선악인과의 도리를 잘 알지 못하는 어리석은 사람

두 번째의 큰 고통이며, 두 번째의 큰불길인데, 그 고통스러움을 비유하자면, 큰 불길이 사람의 몸을 태우는 것과도 같으니라.

그리하니 사람으로 태어났을 때 능히 마음을 가다듬어 삿 된 마음을 억누르고 몸과 행동을 바르게 하여 오직 선을 행하고 악을 짓지 않으면 몸은 홀로 악도에서 벗어나며, 그 복덕으로 해탈하거나 혹은 하늘에 태어나거나 하여 열반의 도를 얻게 되니 이것이 두 번째의 큰 선(二大善)이라고 하느니라.」

4. 사음의 악

부처님께서 말씀하시기를,

「세 번째 악이란 이와 같으니라. 세상 사람들은 하늘과 땅 사이에서 서로 의지하고 살고 있는데, 그들이 누리는 수명은 얼마 되지 않느니라. 위로는 현명한 사람, 덕 있는 사람, 존귀한 사람, 부유한 사람이 있고, 아래로는 가난한 사람, 천한 사람(廝賤)96), 불구자(尫劣)97), 어리석은 사람이 있느니라.

　이 가운데는 착하지 못한 사람도 있어 항상 삿되고 악한 마음을 품으며, 오직 음란한 생각만 하여 번뇌가 가슴속에 가득하여 애욕의 어지러운 생각으로 앉으나 서나 편안하지 않고, 탐하는 생각으로 질투(守惜)98)하여 부질없이 얻으려고만 하느니라. 아름다운 여자를 돌아보며(眄睞細色)99), 밖에서는 삿된 행동을 멋대로 하고 자기 부인은 싫어하고 미워하며, 남모르게 함부로 다른 여자의 집을 드나들면서 재산을 낭비하고 법도를 어기는 일을 하느니라.」

「또 어떤 때는 한패거리를 이루어 모임을 갖고 군대를 일으켜 서로 정벌하며, 공격하여 겁탈하고 살육하며, 강탈하는 무도한 짓을 하느니라. 악한 마음으로 항상 남의 재물을 탐내면서 스스로 부지런히 일하지 않으며, 도둑질이나 사기로 이익을 조

---

96) 시천(廝賤): 가장 천한 사람
97) 왕열(尫劣): 불구자
98) 수석(守惜): 질투하는 마음
99) 면래세색(眄睞細色): 호색가로써 여자를 음흉한 눈으로 훔쳐보는 것. 곁눈질하여 훔쳐보는 것.

금 얻게되면, 더 욕심을 내어 일을 꾸미게 되느니라. 그러나 이러한 사람은 항상 세력을 두려워하지만, 남에게는 공갈과 협박을 하여 다른 사람의 재물을 빼앗아 자신의 처자권속에게만 주느니라. 방자한 마음과 쾌락만을 좇아 몸을 다 받쳐 즐기고, 친족이나 위 아랫사람도 가리지 않고 음란한 짓을 하므로 가족들과 사회가 모두 걱정하고 괴로워하느니라. 또한 국법으로 금한 것조차도 두려워하지 않으므로 형벌을 받게 되느니라.

 이와 같이 악한 사람은 인간뿐만 아니라 귀신들도 알고 있으며, 해와 달도 비춰 보고 있으며, 천지신명도 기록하여 알고 있으므로 자연히 삼악도에 떨어져 고통과 괴로움이 한량이 없느니라. 그 속에서 돌아다니며, 세세생생의 수많은 겁이 지날지라도 여기를 벗어날 기약이 없으니 그 고통은 이루 말로써 다하기 어려우니라. 이것이 세 번째의 큰 악이고, 세 번째의 큰 고통이며, 세 번째의 큰불길인데, 그 고통스러움을 비유하자면, 큰 불길이 사람의 몸을 태우는 것과도 같으니라.

그리하니 사람으로 태어났을 때 능히 마음을 가다듬어 삿된 마음을 억누르고 몸과 행동을 바르게 하여 오직 선을 행하고 악을 짓지 않으면 몸은 홀로 악도에서 벗어나며, 그 복덕으로 해탈하거나 혹은 하늘에 태어나거나 하여 열반의 도를 얻게 되니 이것이 세 번째의 큰 선(三大善)이라고 하느니라.」

5. 거짓말의 악

부처님께서 말씀하시기를,
「네 번째 악이란 이와 같으니라. 세상 사람들은 착한 일은 닦으려고 생각조차도 않고, 서로 거짓말하는 것을 가르쳐서(敎令)100) 함께 온갖 나쁜 짓을 하며, 이간질과 욕설과 거짓말과 아첨하는 말을 일삼느니라. 남을 참소하여 해치고(讒賊)101) 서로 싸우며, 착한 사람을 시기하여 미워하고 현명한 사람을 무너뜨리느니라. 그리고 자기 부부(傍)102)만

---

100) 교령(敎令): 보고 배워서 거짓말을 하는 것.
101) 참적(讒賊): 참소하여 해치는 것.
102) 방(傍): 부부를 말함.

즐기려고 하고 부모에게는 불효하며, 스승과 어른을 섬기는 일에는 소홀하고 친구사이에도 신의가 없을 뿐만 아니라 성실하지도 않느니라. 또한 존귀한 자리에 오르게 되면, 스스로 잘난척하고 자기만이 도력이 있는 것처럼 여겨서 제멋대로 위세를 부리며, 남을 업신여기느니라.」

「그러나 자기자신을 잘 모르기 때문에 악을 짓고도 부끄러워 할 줄을 모르고 스스로 강함을 내세워 남이 공경하고 어려워하기를 바라느니라. 그리고 천지신명과 해와 달마저도 두려워하지 않고, 선을 행하려고 하지 않으므로 이를 항복 받아 교화하기 어렵느니라. 그리고 방자하여 항상 자신이 옳다고 생각하며 근심과 두려움이 없으므로 늘 교만한 마음을 지니고 있느니라.

이와 같은 모든 악행은 천신이 기억하여 알고 있으며, 전생에 조금 지은 복덕에 의해 지금은 작은 선으로 겨우 부지하여 보호를 받고 있지만, 금생에 저지른 악행으로 복덕을 다 소멸시키면 모든 선신(善神)들이 다 떠나버리므로 몸은 홀로 남아 의지

할 곳이 없게 되느니라. 그러다가 목숨이 다하게 되면, 자신이 지은 악업만이 돌아와서 자연히 쫓기어 삼악도에 떨어지지 않을 수 없느니라.

또한 이러한 이들의 이름을 기록한 것이 천지신명에게 있어서 그 죄로 인한 재앙에 이끌려 당연히 삼악도로 가게 되며, 자연히 그 업보를 받게 되니 벗어날 길이 없느니라. 다만 전생에 지은 과보에 의해 불가마 속으로 끌려가서 몸과 마음이 망가지고 정신이 고통스러울 뿐이니 이 때 이르러 후회한들 어찌할 수 없느니라.

천지의 도리는 어긋남이 없는 까닭에 자연히 삼악도에 떨어져 고통과 괴로움이 한량이 없느니라. 그 속에서 돌아다니며, 세세생생의 수많은 겁이 지날지라도 여기를 벗어날 기약이 없으니 그 고통은 이루 말로써 다하기 어려우니라. 이것이 네 번째의 큰 악이고, 네 번째의 큰 고통이며, 네 번째의 큰 불길인데, 그 고통스러움을 비유하자면, 큰 불길이 사람의 몸을 태우는 것과도 같으니라.

그리하니 사람으로 태어났을 때 능히 마음을 가

다듬어 삿된 마음을 억누르고 몸과 행동을 바르게 하여 오직 선을 행하고 악을 짓지 않으면 몸은 홀로 악도에서 벗어나며, 그 복덕으로 해탈하거나 혹은 하늘에 태어나거나 하여 열반의 도를 얻게 되니 이것이 네 번째의 큰 선(四大善)이라고 하느니라.」

6. 음주의 악

부처님께서 말씀하시기를,
「다섯 번째 악이란 이와 같으니라. 세상 사람들은 게을러서 어슬렁거리기만 하지, 그다지 선을 닦으려고 하거나 몸을 다스리려고 하지 않으며, 일을 하지 않아서 가족과 권속들이 굶주리고 추위에 떨고 가난하여 고생하느니라. 그리고 부모가 가르치고 타이르면 눈을 부릅뜨고 화를 내며, 말대꾸를 하고 거친 소리로 거역하기를 마치 원수처럼 대하므로 차라리 자식이 없는 것만도 못하느니라. 가지고 베푸는데도 아무런 절도가 없으니 모두들 꺼려하고 싫어하며, 은혜를 배반하고 의리를 저버리며,

보답하여 갚는 마음도 없으니 빈궁하고 가난하여도 다시 누가 도와주지 않으므로 얻을 수가 없느니라.

이러한 사람은 남의 것을 빼앗아 방자하게 놀면서 재산을 탕진해버리고, 남의 것을 쉽게 얻는 도둑질 같은 것에 익숙해져서 그러한 방법으로 자신의 생계를 유지하려고 하느니라. 술에 빠지고 맛있는 음식만을 좋아하여 먹고 마시는데 절도가 없으며, 제멋대로 방탕하게 사느니라. 어리석고 둔하여 남과 다투며(魯扈抵突)103), 남의 사정을 모르고 우격다짐으로 남을 억누르려고만 하느니라. 다른 사람의 선행을 보면 질투하고 증오하며, 의리도 없고 예의도 없으며, 뉘우치고 반성할 줄 모르며, 남의 말은 듣지 않고 자기의 주장만 옳다고 끝까지 우겨대므로 누가 충고하고 깨우쳐줄 수조차도 없느니라.

그리고 육친 권속 등 집안 살림이 있고 없는 것에 대해서는 조금도 걱정하지 않고, 부모의 은혜도 모르고 스승이나 친구에 대한 의리도 없느니라. 마

---

103) 노호저돌(魯扈抵突): 어리석고 둔하여 반항하는 것.

음으로는 항상 나쁜 일만을 생각하고, 입으로는 항상 나쁜 말만을 하며, 몸으로는 항상 나쁜 짓만을 행하면서 일찍이 착한 일이라고는 한번도 해본 적이 없느니라. 옛 성인들과 부처님의 말씀을 믿지 않고, 도를 닦아 해탈할 수 있음도 믿지 않으며, 죽은 뒤에 신명(神明)이 다시 태어난다고 하는 윤회도 믿지 않고, 선을 행하면 선한 과보를 받고 악을 행하면 악한 과보를 받는다고 하는 인과의 도리조차도 믿지 않느니라. 참된 사람(眞人)104)을 죽이려 하고, 화합된 승가를 분열시키려고 하며, 부모와 형제, 권속들을 해치려고 하니 육친 권속들이 모두 그를 싫어하고 증오하여 차라리 죽기를 바라느니라.」

「세상 사람들의 생각은 모두 이와 같아서 사실은 어리석고 우매하지만, 자신은 스스로 지혜롭다고 여기느니라. 인생은 어디로부터 와서 어디로 가는지도 모르면서 어질지도 못하고, 순종하지도 않아

---

104) 진인(眞人): 참된 사람, 진리를 깨달은 사람, 아라한을 말함.

천지의 도리를 거스르면서도 요행을 바라고 오래 살려고 하지만, 반드시 죽음을 맞이하게 되느니라. 자비로운 마음으로 가르치고 타일러 착한 일을 생각하게 하고, 생사와 선악의 도리를 일러주지만, 그들은 믿으려고 하지 않느니라. 애써서 말하지만 아무런 소득이 없으며, 마음은 막히고 생각은 열리지 않느니라.

이러한 사람들은 수명이 다할 때에서야 비로소 뉘우침과 두려움이 번갈아 찾아오지만, 미리부터 착한 일을 하지 않고 마지막에 임해서 후회한들 어찌할 수 없느니라. 천지간에는 오도(五道)가 분명하고 그 이치는 매우 넓고 깊고 미묘하며, 선과 악의 과보에 응하여 재앙과 복덕이 서로 이어지고, 자신이 지은 업은 자기 스스로 받지 누가 대신하여 받을 수 없는 것이 자연의 도리이니라. 인과응보의 소행으로 오는 재앙은 목숨을 좇아 따라 다니며 벗어날 수 없느니라.

착한 사람은 선을 행하므로 안락한 곳에서 더 안락한 곳으로 들어가고, 지혜는 더욱 밝아지지만(善

人善行 從樂入樂 從明入明) 반면에 나쁜 사람은 악한 행을 하므로 괴로운 곳에서 더 괴로운 곳으로 들어가고, 지혜는 더욱더 어두워지느니라(惡人惡行 從苦入苦 從冥入冥). 그 누가 이 이치를 잘 알고 있는가? 오직 부처님만이 알고 계실 뿐이니라(獨佛知耳). 말로 가르쳐 주고, 열어 보여주지만, 이를 믿는 사람은 적고, 생사윤회는 쉼이 없고 악도는 끊어지지 않느니라(敎語開示 信用者少 生死不休 惡道不絶).

이와 같은 세상 사람들이 다 없어지기는 어렵기 때문에 자연히 삼악도에 떨어져 고통과 괴로움이 한량이 없느니라. 그 속에서 돌아다니며, 세세생생의 수많은 겁이 지날지라도 여기를 벗어날 기약이 없으니 그 고통은 이루 말로써 다하기 어려우니라. 이것이 다섯 번째의 큰 악이고, 다섯 번째의 큰 고통이며, 다섯 번째의 큰불길인데, 그 고통스러움을 비유하자면, 큰 불길이 사람의 몸을 태우는 것과도 같으니라.

그리하니 사람으로 태어났을 때 능히 마음을 가

다듬어 삿된 마음을 억누르고 몸과 행동을 바르게 하여 오직 선을 행하고 악을 짓지 않으면 몸은 홀로 악도에서 벗어나며, 그 복덕으로 해탈하거나 혹은 하늘에 태어나거나 하여 열반의 도를 얻게 되니 이것이 다섯 번째의 큰 선(五大善)이라고 하느니라.」

7. 거듭 고통을 설함

부처님께서 미륵에게 말씀하시기를,
「내가 지금 그대들에게 말한 이 세상의 다섯 가지 악의 지독한 괴로움은 이미 말한 바와 같으며, 그로 인하여 다섯 가지 고통과 다섯 가지 불길이 서로 원인이 되어 생겨나느니라. 그리하여 오직 악을 짓기만 하고 선을 닦지 않으면 모두 다 자연히 악도에 떨어지게 되느니라. 혹은 금생에 우선 불치의 중병에 걸려 죽고 싶지만, 죽지도 못하고, 살고 싶지만, 그럴 수도 없으니 자신이 지은 죄악의 과보를 대중들에게 보이게 되느니라. 그러다가 몸이 죽으면 업에 따라 삼악도에 떨어져 한량없는 고통 속에서 스스로 자신을 불태우게 되느니라.

이것은 오랜 세월이 지난 후에도 계속 지속되어 함께 원한을 맺게 되니, 처음에는 적고 가벼운 악으로 시작된 것이 마침내 큰 악이 되고 마느니라. 모두 재물과 애욕을 탐착하여 은혜를 베풀지 못했기 때문이며, 어리석은 욕망에 쫓기고 마음 내키는 대로 생각하여 번뇌에 묶여서 풀려나지 못하느니라. 또한 자신의 많은 이익을 위하여 남과 다투면서도 조금도 반성하지 않느니라.

부귀 영화한 시절을 맞은 경우에도 다만 자신의 쾌락을 즐길 줄만 알았지, 절제 할 줄은 모르고 좋은 일은 하지 않았으므로 그 위세는 얼마가지 않아서 닳아 없어지고 마느니라. 몸의 수고로운 고통은 더욱 심하게 되어 오랜 후에는 매우 지독한 고통이 되느니라. 천지의 도리는 미치지 않는 곳이 없으며, 자연히 지은 바가 낱낱이 드러나고 형벌의 그물이 상하 모든 사람에게 상응하느니라. 홀로 두려워하며, 그 속에 들어가고 말게 되니, 이것은 옛날이나 지금이나 똑 같나니 애처롭고 불쌍한 일이니라.」

부처님께서 미륵에게 말씀하시기를,
「세상이란 이와 같으므로 부처님은 그러한 것을 모두 애민히 여기시고 위신력으로 모든 죄악을 부숴 없애고 누구나 선으로 나아가게 하느니라. 악을 범하려는 생각을 버리고 경전과 계행을 받들어 행하고, 도법(道法)을 수행하여 어긋나거나 잃지 않게 하며, 마침내 생사고해를 벗어나 열반의 길을 얻게 하느니라.」

8. 선행을 권함

부처님께서 말씀하시기를,
「그대와 지금의 모든 천인과 인간과 후세의 사람들은 내가 말하는 불법을 마땅히 마음속 깊이 새기고, 능히 그 가운데서 마음과 행동을 바르게 해야 하느니라. 윗사람은 선을 행하므로서 아랫사람을 통솔하고 교화하며, 서로 가르침을 전하고, 각각 자신을 단정히 지키며, 성인을 존중하고 선한 사람을 공경하며, 어질고 인자한 마음으로 사람들을 평등하게 사랑해야 하느니라. 부처님의 가르침을 감히 어기거나 비방하지 말아야하며, 마땅히 해탈을 구하여 나고 죽음과 모든 악의 근원을 뽑아 없애고, 삼악도의 한량없는 근심과 두려움과 고통의 길을 여의어야 하느니라.

그대들은 이 세상에서 널리 공덕의 근본을 심고 은혜를 베풀며, 계행을 깨뜨리지 말아야 하느니라. 인욕하고 정진하며, 일심과 지혜 등으로 더욱더 교화하고 공덕을 짓고 선을 닦아야 하느니라.

마음과 생각을 바르게 하고 하루 밤 하루 낮 동안만이라도 청정하게 범행을 닦고 계행을 지키면, 무량수국에서 백년을 닦는 것보다도 더 수승 하느니라. 왜냐하면, 저 불국토에는 하염없이 저절로 모든 선이 쌓이고 악은 털끝만큼도 없기 때문이니라. 또 이 세상에서 열흘 밤낮으로 선을 행하는 것이 다른 제불국토에서 천년동안 선행을 하는 것보다도 더 수승하느니라. 왜냐하면, 다른 국토에는 선을 행하는 사람은 많고 악을 저지르는 사람은 적으므로 복덕이 저절로 있게 되며, 악을 짓는 곳이 아니기 때문이니라.」

그러나 이 세계에는 악이 많으므로 자연의 도리에 따르지 않고, 부지런히 바라는 바를 구하려하고 서로 속이고 헤치니 그 마음은 수고롭고 몸이 고달프기가 마치 쓴 것이나 독을 먹는 것과도 같으니라. 이와 같이 바쁘고, 괴롭기만 하여 잠시도 편안히 쉴 여가가 없느니라.」

「그래서 나는 천인과 사람들을 가엾이 여겨 선을 닦도록 간곡히 가르쳤고, 근기에 따라 인도하여 경법(經法)의 가르침을 주었으니 이를 실행하지 않는 자가 없으며, 각자의 소원에 따라 모두 깨달음을 얻으리라. 부처님이 가시는 나라와 도시와 마을마다 모두 교화를 입지 않은 곳이 없으니, 천하는 태평하고, 해와 달은 청명하며, 비와 바람은 때를 맞추어 내리고, 재앙과 전염병은 발생하지 않으며, 나라는 풍요롭고, 백성들은 안락하며, 군인과 무기는 아무 쓸모가 없을 것이며, 덕을 숭상하고, 어진 마음을 가지며, 부지런히 예의와 겸손한 마음을 닦을 것이니라.」

부처님께서 말씀하시기를,
「내가 천인과 사람들을 애민히 여기는 것은 마치 부모가 자식을 생각하는 것보다도 더 지극하느니라. 이제 내가 이 사바세계에서 부처가 되어 다섯 가지 악을 항복시키고, 다섯 가지 고통을 소멸시키며, 다섯 가지 불길을 끊어 없애고, 선으로 악을 다스려 생사의 고통을 뽑아내며, 다섯 가지 덕(五德)105)을 얻어 무위의 편안함을 얻게 하리라(昇無爲之安). 내가 이 세상을 떠난 후에는 경전의 가르침은 점점 없어지고 사람들은 아첨하고 거짓되어 여러 가지 악을 행할 것이니라. 그러므로 다섯 가

---

105) 오덕(五德): 선정에 든 보살이 처음으로 얻는 다섯 가지 덕. 좋은 곳에 태어나는 生善趣, 인간으로 귀한 집안에 태어나는 生貴家, 뛰어난 근기를 갖추는 具勝根, 남자의 몸을 받는 受男身, 전생의 일을 기억하는 憶宿命을 말함.

지 고통과 다섯 가지 불길은 이전과 같아지며, 이러한 것은 세월이 가면 갈수록 점점 더 심해질 것인데, 이를 다 말할 수는 없지만, 내가 그대들을 위하여 간략히 말한 것이니라.」

부처님께서 미륵에게 말씀하시기를,
「그대들은 이러한 것을 잘 생각하고 서로 깨우쳐 주며, 경법(經法)에 따라 행하고 어기지를 말아야 하느니라.」

이 때 미륵보살이 합장하고 부처님께 사뢰기를,
「부처님께서 말씀하신 것은 매우 훌륭하십니다. 세상 사람들은 실지로 부처님의 말씀과 같습니다. 여래께서 널리 자비를 베푸시고 불쌍히 여기시어 모두 다 고해를 벗어나게 하시니 부처님의 엄중한 가르침을 받들어 감히 어기지 않겠습니다」

제7절 부처님의 큰 지혜

1. 아난의 아미타불 친견

부처님께서 아난에게 말씀하시기를,

「그대는 일어나서 법의를 단정히 하고 합장하고 공경하여 무량수불에게 예배하여라. 시방세계의 모든 부처님들도 항상 저 무량수불의 집착함이 없고 걸림이 없음(無着無礙)에 대하여 찬양하고 찬탄하시었다. 이 때 아난은 일어나서 법의를 단정히 하고 몸을 바르게 하여 서쪽으로 향하여 합장하고 공경하며, 오체(五體)106)를 땅에 엎드려 무량수불에게 예배하였다.」

그리고 세존에게 여쭈기를,

「부처님이시어, 원하옵나니 저 무량수불의 안락

---

106) 오체(五體): 두 무릎과 두 팔꿈치와 이마를 땅에 예배하는 것으로 인도에서는 가장 공경하는 예배법의 하나 오체투지(五體投地)라고 한다.

국토와 모든 보살 및 성문대중들을 뵈옵게 하여주소서」

「이 말이 끝나자 말자 바로 무량수불이 대광명을 놓아 널리 모든 부처님세계를 비추시니(無量壽佛 放大光明 普照一切 諸佛世界) 금강철위산을 비롯하여 수미산과 크고 작은 모든 산과 일체 만물은 다 한결같이 황금색으로 빛났다. 비유하자면, 겁수(劫水)107) 때에는 온 세계가 물로 가득 잠겨 만물이 보이지 않고 물만 굽이쳐 흐르며 다만 엄청난 물만 보이는 것처럼 저 부처님의 광명도 그와 같아서 성문과 보살들의 모든 광명은 다 가려지고 오직 부처님의 광명만이 밝고 혁혁하게 빛나고 있음을 뵈올 수 있었다(唯見佛光 明曜顯赫).」

「이 때 아난이 친견한 무량수불의 위엄과 덕이 높음은 마치 수미산이 온 세계에서 가장 높이 솟아 있는 것과도 같으며, 부처님의 상호와 광명이 비치지 않는 곳이 없음을 보았다. 이 때 모인 사부대중

---

107) 겁수(劫水): 水災劫의 시기에는 천상의 제2禪天 이하는 물에 잠기는 것을 말함.

들이 모두 한꺼번에 그것을 다 보았으며, 또한 저 극락국토에서 이곳을 보는 것도 이와 같았다(此會四衆 一時悉見 彼見此土 亦復如是).」

2. 태생의 왕생(胎生往生)

이 때 부처님께서 아난과 자씨보살(慈氏菩薩) 108)에게 말씀하시기를,

「그대들이 저 국토를 볼 때 지상으로부터 정거천(淨居天)109)에 이르기까지 그 사이에 있는 미묘하고 장엄하며 청정한 자연의 만물을 다 볼 수 있었느냐?(微妙嚴淨自然之物)」

아난이 대답하기를,

---

108) 자씨보살(慈氏菩薩): 범어로는 Maitreya라고 함. 현재 도솔천 내원궁에서 설법하고 있으며, 부처님께서 열반에 드신 후 56억 7천만년 뒤에 이 사바세계의 용화수 밑에 와서 중생을 제도하고 성불한다고 함, 미륵보살이라고도 함.
109) 정거천(淨居天): 색계천의 하나로 색계구경천의 밑에 있음. 色界四天.

「네, 이미 다 보았습니다(唯然已見).」

다시 부처님께서 말씀하시기를,
「그러면 그대들은 무량수불의 큰 소리가 모든 세계에 두루 울려 퍼져 중생을 교화하심을 들을 수 있었느냐?」

아난이 대답하기를,
「네, 이미 다 들었습니다(唯然已聞).」

부처님께서 말씀하시기를,
「저 나라의 사람들이 백천유순이나 되는 칠보궁전을 타고 아무런 장애도 받지 않고 시방세계를 두루 다니면서 모든 부처님께 공양드리는 것을 그대들은 보았느냐?」

아난이 대답하기를,
「네, 이미 보았습니다(對曰已見).」

부처님께서 말씀하시기를,

「저 국토의 사람들 가운데는 태로 태어난(胎生)110) 사람들도 있는데 그들도 보았느냐?」

아난이 대답하기를,

「네, 이미 보았습니다. 그 태생한 이들이 사는 궁전 가운데는 어떤 것은 백유순, 어떤 것은 오백유순이나 되는 것도 있는데, 각기 그 가운데서 온갖 즐거움을 누리는 것이 마치 도리천(忉利天)111)에서 자연히 받는 것과도 모두 같았습니다.」

3. 오지의 의심(疑惑五智)

이 때 자씨보살이 부처님께 여쭈기를,

「세존이시여, 그들은 어떠한 인연으로 저 나라의

---

110) 태생(胎生): 四生 중 태로 태어나는 중생, 주로 동물이 여기에 해당하지만, 극락세계의 변지에서 연꽃 속에서 오래 동안 갇혀 있으므로 태생이라고 함.
111) 도리천(忉利天): 수미산 위에 있는 세계, 三十三天이라고도 함.

사람들 가운데 태생(胎生)과 화생(化生)112)의 구별이 있습니까?」

부처님께서 미륵보살에게 말씀하시기를,
「어떤 중생들은 의혹심(疑惑心)을 품은 채 모든 공덕을 닦아 그 국토에 태어나기를 원하였기 때문이니라. 그들은 아직 부처님의 지혜(佛智)113), 불가사의한 지혜(不可思議智)114), 무엇이라고 이름할 수 없는 지혜(不可稱智)115), 대승의 넓고 큰 지혜(大乘廣智)116), 무엇과도 비교할 수 없는 최상의 지혜(無等無倫最上勝智)117)를 깨닫지 못했기

---

112) 화생(化生): 사생의 하나로 어디에도 의지하지 않고 홀연히 화하여 태어나는 것. 여기서는 정토에 왕생하는 중생들은 연꽃 위에 태어남을 받는 것을 말한다.
113) 불지(佛智): 부처님의 깨달음의 지혜.
114) 불가사의지(不可思議智): 부처님의 과보인 지혜는 말과 생각이 끊어진 지혜.
115) 불가칭지(不可稱智): 부처님의 지혜는 말과 글로 표현할 수 없는 지혜임.
116) 대승광지(大乘廣智): 부처님의 지혜는 오승(五乘)이 똑 같이 타고 바다를 건널 수 있다는 지혜임.
117) 무등무륜최상승지(無等無倫最上勝智): 부처님의 지혜는 가장 높고 훌륭하여 짝할 이 없다는 지혜임.

때문이니라.

　이러한 지혜는 믿지 않으나, 죄와 복에 대해서는 믿어 선을 닦고, 그 나라에 태어나기를 원하였느니라. 이러한 중생들은 저 궁전에 태어나서 오백세까지 살면서도 부처님을 친견하지 못하고, 법문도 듣지 못하며, 보살과 성문과 거룩한 성중(聖衆)도 보지 못하므로 그들을 그 국토에서는 태생(胎生)이라고 하느니라.」

「어떤 중생이 부처님의 지혜(佛智) 내지 부처님의 최상승지(勝智)를 분명하게 믿고, 여러 가지 공덕을 지어 극락세계에 태어나고자 신심을 회향한다면, 이러한 중생들은 칠보로 된 연꽃 속에 저절로 화생(化生)하느니라. 그들이 가부좌를 하고 앉으면, 잠깐 사이에 몸에는 광명과 지혜와 공덕이 다른 보살들과 같이 구족하게 갖추어 지느니라.」

「또한 자씨보살이여, 다른 불국토의 여러 대보살들이 발심하여 무량수불을 친견하기 위하여 공경 공양하고, 그 나라에 있는 모든 보살과 성문들에게도 이와 같이 한다고 하면, 그 보살들은 목숨을 마칠 때에 무량수국에 태어나는데 그들은 칠보로 된 연꽃 속에 저절로 화생(化生)하느니라.」

「미륵보살이여, 마땅히 알아라. 저 화생한 사람들은 지혜가 수승하지만, 저 태생한 사람들은 모두 지혜가 없기 때문에 오백세 동안 당연히 부처님을 뵐 수도 없고, 법문을 들을 수도 없으며, 보살과 성문 대중들도 볼 수 없고, 부처님에게 공양을 올리는 법식도 모르며, 공덕을 닦을 줄도 모르느니라. 마땅히 알아라. 이러한 사람들은 과거세상으로부터 지혜가 없었으며, 의혹심을 가졌기 때문이니라.」

부처님께서 미륵보살에게 말씀하시기를,

「비유하자면, 전륜성왕이 따로 칠보 궁전을 지어 두었는데, 여기에는 여러 가지로 장엄이 되어 있고, 자리가 깔려 있고, 장막이 쳐져 있고, 모든 천개와 비단 깃발이 걸려 있느니라. 만약 어린 왕자들이 왕으로부터 벌을 받게 되면, 저 궁전에 넣어 금사슬로 묶고, 음식이나 옷, 이부자리, 꽃과 향,

음악 등을 공급받게 되는데, 이것은 전륜성왕이 머무는 곳과 같아서 조금도 부족함이 없느니라.」

「너의 생각은 어떠하냐? 왕자들이 즐거워하겠느냐?」

「아닙니다. 그들은 여러 가지 방편을 사용하여 힘이 센 장사를 구하여 스스로 그곳을 빠져 나오려고 할 것입니다.」

부처님께서 미륵보살에게 말씀하시기를,
「이 모든 중생들도 그와 같으니라. 부처님의 지혜를 의심한 까닭에 저 궁전에 태어나서 아무런 벌도 받지 않을 뿐만 아니라, 내지는 한번도 악한 일을 생각하지 않지만, 다만 오백세 동안 삼보를 친견하지 못하므로 공양하여 여러 가지 선을 닦을 수도 없느니라. 이러한 것이 큰 괴로움이 되므로 비록 다른 즐거움이 있다고 할지라도 오히려 그곳을 좋아하지 않느니라.」

「이러한 중생들이 자신의 죄의 근본을 알아 스스로 깊이 참회하고 책망하여 그곳을 떠나기를 구한다면, 바로 뜻을 이룰 수 있어 무량수불이 계시는 곳에 나아가 공경하고 공양하며, 또 무량무수한 부처님이 계시는 곳을 두루 다니면서 공덕을 쌓을 수 있느니라.」

「미륵이여, 마땅히 알아라. 만일 어떠한 보살이 부처님의 지혜를 의심하는 자가 있다면, 그는 큰 이익을 잃게 되느니라. 그러므로 응당히 모든 부처님의 위없는 지혜를 분명히 믿어야 하느니라(應當明信諸佛無上智慧).」

4. 타방보살의 극락왕생

미륵보살이 부처님께 여쭈기를,
「세존이시여, 이 사바세계에는 불퇴전(不退轉)118)에 오른 보살이 얼마 있으며, 저 불국토에

---

118) 불퇴전(不退轉): 범어로는 아비발치(阿鞞跋致) avinivartanīya의 번역을 말함. 이미 얻은 지혜공덕에서 물러나지 않는 경계를 말함. 소승에서는 예류과(預流果)를 지칭하며, 대승에서는 초지(初地)를 불퇴전지라고 함.

왕생할 수 있습니까?」

부처님께서 미륵보살에게 말씀하시기를,
「이 사바세계에는 육십칠억의 불퇴전의 보살이 있어서 저 국토에 왕생하게 될 것이니라. 이러한 한 보살 한 보살들은 이미 일찍부터 무수한 제불에게 공양하였는데, 이는 미륵과도 같은 이들이니라. 또한 수행이 적거나 공덕이 적은 보살들은 말할 수 없을 정도로 많은데 그들도 모두 왕생하게 되느니라.」

부처님께서 미륵보살에게 이르시기를,
「다만, 나의 국토에 있는 보살들만이 극락세계에 왕생하는 것이 아니고, 타방의 불국토에 있는 보살들도 모두 이와 같이 왕생하느니라.
첫 번째 부처님은 원조불(遠照佛)이라고 이름하는데, 그곳에 있는 백팔십억 보살이 모두 왕생할 것이니라.

두 번째 부처님은 보장불(寶藏佛)이라고 하는데, 그곳에 있는 구십억 보살들이 모두 왕생할 것이니라.

세 번째 부처님은 무량음불(無量音佛)이라고 하는데, 그곳에 있는 이백이십억 보살들이 모두 왕생할 것이니라.

네 번째 부처님은 감로미불(甘露味佛)이라고 하는데, 그곳에 있는 이백오십억 보살들이 모두 왕생할 것이니라.

다섯 번째 부처님은 용승불(龍勝佛)이라고 하는데, 그곳에 있는 십사억 보살들이 모두 왕생할 것이니라.

여섯 번째 부처님은 승력불(勝力佛)이라고 하는데, 그곳에 있는 만사천 보살들이 모두 왕생할 것이니라.

일곱 번째 부처님은 사자불(師子佛)이라고 하는데, 그곳에 있는 오백억 보살들이 모두 왕생할 것이니라.

여덟 번째 부처님은 구광불(垢光佛)이라고 하는

데, 그곳에 있는 팔십억 보살들이 모두 왕생할 것이니라.

아홉 번째 부처님은 덕수불(德首佛)이라고 하는데, 그곳에 있는 육십억 보살들이 모두 왕생할 것이니라.

열 번째 부처님은 묘덕산불(妙德山佛)이라고 하는데, 그곳에 있는 육십억 보살들이 모두 왕생할 것이니라.

열한 번째 부처님은 인왕불(人王佛)이라고 하는데, 그곳에 있는 십억 보살들이 모두 왕생할 것이니라.

열두 번째 부처님은 무상화불(無上華佛)이라고 하는데, 그곳에는 수없이 많아 헤아릴 수 없는 보살들이 모두 불퇴전의 보살로서 지혜롭고 용맹스러우며, 이들은 이미 일찍부터 무량한 부처님을 공양하였느니라. 그들은 7일 동안에 다른 보살들이 백천억겁 동안 닦아야 얻을 수 있는 견고한 법력을 성취하였으니 이들 보살도 모두 왕생할 것이니라.

열세 번째 부처님은 무외불(無畏佛)이라고 하는

는 소보살들과 비구들도 모두 왕생할 것이니라.

부처님께서 미륵보살에게 말씀하시기를,

「다만 이러한 열 네 곳의 불국토에 있는 보살들만이 왕생하는 것이 아니라, 시방세계의 한량없이 많은 불국토에서도 왕생하는 이들이 이와 같이 매우 많아 헤아릴 수 없느니라. 내가 시방세계 부처님들의 이름과 저 불국토에 왕생하는 보살과 비구들의 수를 밤낮으로 헤아린다고 하여도 한 겁 안에는 다 헤아려 마칠 수가 없느니라. 나는 지금 그대들을 위하여 간략하게 말하였을 뿐이니라.」

제3장 유통분(流通分)

제1절 미륵보살에게 부촉함

부처님께서 미륵보살에게 말씀하시기를,
「저 부처님의 명호를 듣고 뛸 듯이 기뻐하거나 내지는 다만 한번만이라도 염(念)한다면(歡喜踊躍乃至一念) 이 사람은 큰 이익을 얻고 위없는 공덕을 구족하게 됨을 마땅히 알아라. 그러므로 미륵이여, 설사 큰불이 삼천대천세계에 가득하다고 할지라도 반드시 이것을 뚫고 지나가서 이 경의 법문을 듣고 환희심을 내어 믿고 좋아하며(歡喜信樂) 받아지니고 독송하며, 그와 같이 수행해야 하느니라.
왜냐하면, 많은 보살들이 이 경전의 가르침을 들으려고 하여도 들을 수 없느니라. 만약 어떤 중생이 이 경을 듣는다면, 위없는 도에서 끝내 물러나지 않을 것이니라. 그러므로 그대들은 마땅히 오로지 한 마음으로 믿고 지니며, 수지독송하고, 가르침과 같이 행하여야 하느니라(專心信受持誦說行).」

부처님께서 말씀하시기를,

「내가 지금 중생들을 위해 이 경을 설하고, 무량수불과 그 국토에 있는 모든 것을 보게 하였으니, 그대들은 마땅히 모두 왕생을 구해야 하느니라. 내가 열반에 든 후에 다시 의혹을 일으켜서는 아니 되느니라.」

「미래 세상에 경전과 도가 모두 없어진다고 할지라도 나는 자비로운 마음을 내어 중생들을 애민히 여겨서 특별히 이 경전만은 백년 동안을 더 머물게 할 것이니라. 만일 어떤 중생이 이 경전을 만난다면, 뜻하는 대로 모두 다 얻을 수 있느니라.」

부처님께서 미륵보살에게 말씀하시기를,

「여래께서 이 세상에 출현하심을 만나기 어렵고, 친견하기 어려우며(如來興世 難値難見)

모든 부처님의 경전과 도를 얻기도 어렵고, 듣기도 어려우며(諸佛經道 難得難聞)

보살의 수승한 법과 모든 바라밀을 듣기 역시 어려우며(菩薩勝法 諸波羅蜜 得聞亦難)

선지식을 만나 법을 듣고 잘 수행하기도 역시 어려우며(遇善知識 聞法能行 此亦爲難)

더구나 이 경을 듣고 믿고 좋아하며 수지하기는 더욱더 어려운 일로써 이보다도 더 어려운 일은 없느니라(若聞斯經 信樂受持 難中之難 無過此難).

그러므로 나의 법은 이와 같이 짓고(如是作) 이와 같이 말하고(如是說) 이와 같이 가르치는(如是敎) 것이니라. 마땅히 믿고 따라서 가르침대로 수행하여라.」

제2절 법문의 공덕

「이 때 세존께서 이 경의 법을 설하실 적에 한량없는 중생들이 위없는 바른 깨달음을 구하려고 하는 마음을 내었느니라. 그 가운데는 일만 이천 나유타의 사람들이 청정한 법안(淸淨法眼)을 얻었고, 이십 이억의 천인과 사람들이 아나함과(阿那含果)를 얻었느니라. 또한 팔십만 비구들이 번뇌를 끊고 지혜를 얻었으며, 사십억 보살들이 불퇴전지를 얻었느니라. 그들은 큰 서원을 세운 공덕으로 스스로 장엄하여 다음 세상에는 반드시 정각을 이룰 것이니라.」

제3절 대중의 환희

「이 때 삼천대천 세계는 여섯 가지로 진동하고, 큰 광명이 널리 시방세계의 국토를 비추며, 백천 가지 음악이 저절로 연주되고, 수많은 아름다운 꽃들이 비오듯이 흩날렸느니라.

부처님께서 법문을 설해 마치시니, 미륵보살과 시방에서 온 모든 보살들과 장로 아라한과 여러 훌륭한 성문들과 모든 대중들은 부처님의 설법을 들

고 크게 기뻐하지 않는 이가 없었느니라(聞佛所說
靡不歡喜).」

『觀無量壽經』

宋 元嘉[1] 中葉 畺良耶舍[2] 漢譯
海東沙門 無心普光 國譯

---

1) 원가(元嘉): 劉宋文帝의 연호 AD424-453
2) 강양야사(畺良耶舍): Kālayaśas 인도사람으로 元嘉 초기에 사막을 넘어 京師에 들어 왔으며, 송 태조의 신임을 얻어 보호를 받았다. 鐘山 道林精舍에 머물면서 승려 僧含의 청에 의해『藥王藥上觀經』을 번역하였고,『無量壽觀經』도 번역하여 僧含이 받아 적었다고 함. 그리고 元嘉 19년에 서민촉 등을 유람하고 강릉지방에서 입적함.

『觀無量壽經』

제1장 서분(序分)	188
제1절 경문의 증명(證信序)	188
제2절 설법의 인연(發起序)	188
1. 왕사성의 비극	188
1) 부왕을 가둠 · 188 / 2) 어머니를 가둠 · 190	
제3절 예토를 싫어하고 정토를 구함 (厭離穢土 欣求淨土)	193
1. 부처님께서 감옥을 방문함	193
2. 위제희의 청법	194
3. 삼복왕생(三福往生)	198
4. 관법의 공덕	200
제2장 정종분(正宗分)	202
제1절 16관법(十六觀法)	202
1. 위제희와 대중을 위한 관법	202
1) 지는 해를 생각하는 관(日想觀) · 202	
2) 맑은 물을 생각하는 관(水想觀) · 203	
3) 보배 땅을 생각하는 관(寶地觀) · 205	
4) 보배 나무를 생각하는 관(寶樹觀) · 206	
5) 보배 연못을 생각하는 관(寶池觀) · 209	
6) 보배 누각을 생각하는 관(寶樓觀) · 210	
2. 미래중생을 위한 관법	211
7) 연화대를 생각하는 관(華座觀) · 211	

        8) 불상을 생각하는 관(像想觀) · 216
        9) 진신을 생각하는 관(眞身觀) · 220
        10) 관세음보살을 생각하는 관(觀音觀) · 223
        11) 대세지보살을 생각하는 관(勢至觀) · 227
        12) 자신의 왕생을 생각하는 관(普觀) · 229
        13) 정토의 잡상을 생각하는 관(雜想觀) · 231
    3. 삼배구품왕생(三輩九品往生) ········· 232
        14) 상품극락을 생각하는 관(上輩觀) · 232
        15) 중품극락을 생각하는 관(中輩觀) · 239
        16) 하품극락을 생각하는 관(下輩觀) · 243
제2절 법문을 들은 공덕(利益分) ········· 250

제3장 유통분(流通分) ········· 251
제1절 경명과 수지법 ········· 251
제2절 기사굴에서 거듭 설함 ········· 253

제1장 서분(序分)

제1절 경문의 증명(證信序)

이와 같이 내가 들었다.

어느 때 부처님께서 왕사성 기사굴산에 계셨는데, 천이백오십인의 비구들과 삼만 이천의 보살들이 자리를 함께 하였으며, 문수사리법왕자가 상수 제자였다.

제2절 설법의 인연(發起序)

1. 왕사성의 비극

1) 부왕을 가둠

그 때 왕사성에는 한 태자가 있었는데, 아사세

(阿闍世)라고 이름하였다. 조달(調達)이라고 하는 나쁜 친구의 꾐에 빠져 부왕인 빈바사라(頻婆娑羅)를 잡아 일곱 겹으로 된 감옥에 감금하고 신하들에게 명령하여 한 사람도 가까이 가지 못하게 하였다.

그런데 왕비인 위제희(韋提希)부인은 왕을 공경하여 깨끗이 목욕하고 꿀에 밀가루와 우유를 반죽하여 몸에 바르고, 여러 가지 영락의 구슬 속에 포도즙(蒲桃漿)을 넣어 가지고 남 몰래 왕에게 올렸다.

이 때 왕은 꿀반죽을 먹고 포도즙을 마시고, 물을 구하여 입을 씻은 뒤 합장하고 공경하며 기사굴을 향해 멀리 계시는 세존에게 예배하고 간절히 기원하기를,

「대목건련(大目健連)은 나의 오래 된 친구입니다. 원하옵건데, 자비를 베푸셔서 저에게 팔계(八戒)를 주도록 하옵소서.」

이 때 목련존자는 새매처럼 날아서 재빨리 왕이 있는 곳에 이르러 매일같이 왕에게 팔계3)를 주었

다(日日如是 授王八戒). 또한 부처님께서는 부루나 존자(富樓那尊者)를 보내서 왕을 위하여 설법하게 하시었다.

이와 같이 21일 동안이 지났으나 왕은 꿀반죽을 먹고 설법을 들은 까닭에 안색이 완화하고, 기쁨에 차 있었다.

2) 어머니를 가둠

어느 날 아사세는 문지기에게 "부왕이 아직도 살아 있느냐?"고 물었다.

이에 문지기는 대답하기를,

"대왕이시여, 위제희 부인께서 몸에 꿀반죽을 바르고, 영락의 구슬 안에 포도즙을 넣어 가지고 와서 상왕(上王)에게 올렸습니다. 또한 사문 목건련과 부루나가 공중으로 날아와서 왕을 위하여 법을 설하였는데, 저는 이를 막을 수 없었습니다."

---

3) 팔계(八戒): 팔계라고 하는데 살생하지 말라. 도둑질하지 말라. 간음하지 말라. 거짓말하지 말라. 술을 마시지 말라. 향수를 바르거나 가무를 즐기지 말라. 넓고 큰 평상에 앉지 말라. 때아닌 때 먹지 말라.

이 말을 들은 아사세는 진노하면서 어머니에게 말하기를,

"어머니는 역적이며, 적과 어울렸습니다. 사문은 나쁜 사람들이며, 그들은 남을 미혹시키는 주술로 나쁜 왕을 오랫동안 죽지 않게 하였습니다."라고 하면서 칼을 뽑아 들고 어머니를 살해하려고 하였다.

그 때 월광(月光)이라고 하는 한 신하가 있었는데, 그는 총명하고 지혜가 많았다. 그는 기바(耆婆)4)와 함께 왕에게 예를 표시하고 말하기를,

"대왕이시여, 신들이 듣건대, 저 비타론경(毘陀論經)5)에서는 세상이 생긴 이후로 여러 나쁜 왕들이 왕위를 탐내어 그 아버지를 살해한 자는 만 팔 천

---

4) 기바(耆婆): Jīva, 마갈타국의 신하. 의술이 능하였으며, 출가 후에는 부처님의 풍병, 아나율의 귀머거리병, 아난의 창병 등을 치료하여 교단에서 부처님의 주치의로 활동하였음, 아사세가 부왕을 죽이고 후회하자 그를 부처님께 귀의하도록 인도하였음.
5) 비타론경(毘陀論經): Veda 인도 브라만교의 근본 성전의 총칭. 성립 연대는 기원전 2000년-기원전 500년으로 추정되며, 제의(祭儀)와 밀접하게 관련된 종교 문헌으로 리그베다, 사마베다, 아쥬르베다, 후일에 추가된 아타르바베다를 합하여 4베다라고 함.

인이나 되었습니다. 그러나 무도하게 자기 어머니를 죽인 일은 일찍이 들어 본 적이 없었습니다. 왕께서 지금 어머니를 헤치려고 하시니, 이는 찰리종(刹利種)6)의 영예를 더럽히는 일이므로 저희들은 차마 듣고 참을 수가 없습니다. 전타라(栴陀羅)7)들이나 하는 짓이므로 저희들은 여기서 더 이상 머무를 수가 없습니다."라고 하면서 두 신하는 손에 칼을 만지면서 몇 걸음 뒤로 물러섰다.

이 때 아사세는 놀라고 두려워하면서 기바에게 말하기를,

"그대는 나를 도와주지 않으려는가?"라고 하니,

기바는 여쭈기를,

"대왕이시여, 어머니를 살해하려는 것을 삼가시요."

---

6) 찰리종(刹利種): 인도 신분제도에서 크샤트리아를 말함. 브라흐만, 크샤트리아, 바이샤, 수드라의 4종계급.
7) 전타라(栴陀羅): Caṇḍāla 인도 4성계급의 최하위인 수드라보다 더 하위에 있는 최하의 계급. 도살자, 옥졸 등을 담당하며, 성안의 출입도 금지됨. 마누 법전에는 수드라를 아버지로 브라만을 어머니로 하여 태어난 혼혈 잡류라고 함.

왕은 이 말을 듣고 참회하고 도움을 청하였다. 그리고 난 뒤 바로 칼을 버리고 어머니를 죽이지는 않았으나, 내관에게 명령하여 그녀를 궁궐의 깊은 곳에 가두어 두고 다시 나오지 못하도록 하였다.

제3절 예토를 싫어하고 정토를 구함
(厭離穢土 欣求淨土)

1. 부처님께서 감옥을 방문함

그 때 위제희부인은 궁궐의 깊은 곳에 갇히게되자 슬픔과 근심에 쌓여 몸이 점점 수척해졌습니다. 그리하여 멀리 기사굴산(耆闍堀山)을 향하여 부처님께 예배하고 사뢰기를,

"여래시여, 세존께서는 전에는 항상 저에게 아난존자를 보내시어 위로해 주셨습니다. 저는 지금 슬픔과 근심에 쌓여 있으나 거룩하신 부처님마저 뵈올 수가 없습니다. 부처님께서는 목련존자와 아난

존자를 보내시어 제가 뵐 수 있도록 하여 주소서."
라고 하는 말을 마쳤는데, 눈물을 비오듯이 흘리면서, 멀리 계시는 부처님을 향하여 예배하였다.

그 때 위제희가 머리를 들기도 전에 세존께서는 기사굴산에 계시면서 위제희부인의 마음속으로 생각하는 바를 아시고, 곧 대목련존자와 아난존자에게 허공을 날아서 가도록 명하시고, 부처님께서도 자취를 감추었으며, 왕궁에 나타나시었다.

2. 위제희의 청법

그 때 위제희는 예배를 드리고 머리를 들자 세존 석가모니부처님의 몸은 자마금색이 빛나면서 백가지 보배로 된 연꽃 위에 앉아 계시는 것을 보았다. 그리고 부처님의 왼편에는 목련존자가 앉아 있고, 오른편에는 아난존자가 앉아 있으며, 제석천과 범천 및 호세천(護世天)[8] 등 여러 천신들이 허공에

---

8) 호세천(護世天): 護世四天王이라고도 함. 수미산의 중턱에 있는 하늘인 사천왕천에 거주하는데, 동쪽은 持國天, 서쪽은 廣目天, 남쪽은 增長天, 북쪽은 多聞天을

서 널리 하늘 꽃을 비 내리 듯이 뿌리면서 부처님을 공양하였다.

이 때 위제희는 부처님을 친견하자 스스로 영락을 끊어 버리고, 온 몸을 땅에 던져 울면서

부처님께 사뢰기를,

"부처님이시여, 제가 전생에 무슨 죄를 지었기에 이와 같이 악한 아들을 두었으며, 부처님께서는 어떠한 인연으로 제바달다(提婆達多)9)와 같은 사람을 권속으로 두게 되었습니까?"

"원하옵건대, 부처님께서는 저를 위하여 근심과 고뇌가 없는 곳에 대하여 널리 설하여 주소서. 저는 마땅히 그러한 곳에 왕생하겠습니다. 저는 염부제(閻浮提)10)와 같이 더럽고 악한 세상은 좋아하지 않습니다. 이처럼 더럽고 악한 세상에는 지옥과

말함. 이들은 도리천의 우두머리인 제석천을 섬기며, 수미산에 딸린 四洲를 수호하므로 이렇게 말함.
9) 제바달다(提婆達多): 부처님의 사촌인 조달(調達)을 말함.
10) 염부제(閻浮提): Jambu-dvīpa 수미산 남쪽에 있는 대륙 사주 가운데 제일 탁하고 악한 곳. 염부나무가 번성한 곳이라고 하여 염부제라고 함.

아귀와 축생이 가득 차서 착하지 못한 무리들이 많습니다.

원하옵건대, 앞으로는 나쁜 소리를 듣지 않고 악한 사람을 보지 않게 하여주소서. 저는 지금 부처님께 오체를 투지하고 참회하고 간절히 구하옵니다.

원하옵건대, 태양과 같은 부처님이시여, 저로 하여금 청정한 업으로 이루어진 세계를 보여주소서."

「그 때 부처님께서는 미간에서 광명을 발하셨는데, 그 금색광명은 시방의 한량없는 세계를 두루 비추고 나서 다시 돌아와 부처님의 정수리에 머물러 수미산과 같은 금색 좌대로 변하였느니라. 그리고 시방세계 모든 부처님들의 청정 미묘한 불국토가 모두 그 가운데 나타났느니라. 혹 어떤 국토는 칠보로 이루어져 있고, 혹 어떤 국토는 순전히 연꽃으로만 이루어져 있으며, 다시 어떤 국토는 자재천궁과 같이 장엄하고, 혹 어떤 국토는 수정 거울과도 같았다. 시방의 불국토가 모두 그 가운데 드러났으니 헤아릴 수 없이 많은 불국토를 분명하게 볼 수 있었느니라. 이 모든 불국토를 위제희로 하여금 보게 하였느니라.」

그 때 위제희는 부처님에게 사뢰기를,
"세존이시여, 이와 같은 모든 불국토가 비록 청정하고 광명으로 빛나고 있지만, 저는 기꺼이 저 극락세계 아미타불이 계시는 곳에 태어나고자 합니다. 오직 원하옵건대, 부처님이시여, 저에게 사유(思惟)11)하는 법과 정수(正受)12)하는 법을 가르쳐 주십시오."

「그 때 부처님께서 곧 바로 미소를 지으시니, 오색광명이 부처님 입으로부터 나와 하나 하나의 광명이 빈바사라왕의 정수리를 비추었느니라. 이 때 대왕은 비록 옥중에 갇혀있었으나 마음의 눈이 훤히 열리어 걸림이 없이 멀리 계시는 부처님을 뵙고 머리 숙여 예배하였느니라. 왕의 마음은 자연히 증

---

11) 사유(思惟): 생각함, 생각해 내는 법, 진실한 도리를 생각하는 팔정도의 하나.
12) 정수(正受): 삼매를 정수라고 번역함.

진하여 아나함과(阿那含果)13)를 이루었느니라.」

3. 삼복왕생(三福往生)

그러자 부처님께서 위제희에게 말씀하시기를,
"그대는 이제 알겠는가? 아미타불이 계시는 곳은 여기서부터 멀지 않느니라. 그대는 마땅히 생각을 집중하여 청정한 업으로 이루어진 그 나라를 분명히 관하여라(汝當繫念14) 諦觀15)彼國 淨業成者). 내가 이제 그대를 위하여 여러 가지 비유를 들어 자세히 말하겠느니라. 또한 미래세상의 일체 범부들로 하여금 청정한 업을 닦아 서방 극락국토에 태어날 수 있도록 하겠느니라.
저 나라에 태어나고자 하는 이는 마땅히 세 가지

---

13) 아나함과(阿那含果): anāgāmin 不還果로 욕계의 번뇌를 모두 끊고 성자가 되는 지위. 색계, 무색계에 태어나 다시는 욕계에 돌아오지 않는 지위.
14) 계념(繫念): 생각을 잡아매다는 뜻으로 생각을 집중한다로 번역하였다.
15) 체관(諦觀): 자세히 관하다. 분명히 관하다. 분명히 관찰하다. 살피다 등으로 번역함.

복을 닦아야 하느니라(當修三福).

첫째는 부모에게 효도하고 봉양하며, 스승과 어른을 받들어 섬기고, 자비로운 마음으로 살생하지 말며, 열 가지 선업(十善業)16)을 닦아야 하느니라.

둘째는 삼보에 귀의하여 여러 가지 계를 지니며, 위의(威儀)17)를 범하지 않는 것이니라.

셋째는 보리심을 발하여 인과의 도리를 깊이 믿고, 대승경전을 독송하며, 다른 수행자들에게 부지런히 권하도록 해야하느니라. 이러한 세 가지를 청정한 업(淨業)이라고 하느니라."

부처님께서 위제희에게 말씀하시기를,

"그대는 이제 알겠는가? 이 청정한 업이 바로 과거, 현재, 미래 삼세 여러 부처님들의 청정한 업의 바른 인(正因)18)이라고 함을 알겠는가?"

---

16) 십선업(十善業): 十善道라고도 하는데, 입과 몸과 뜻으로 짓는 열 가지 선업을 말함.
17) 위의(威儀): 계율에 맞는 행위.
18) 정인(正因): 직접적인 인연, 근본적인 인연, 여기에 반해서 조인(助因)은 간접적인 인연을 말함.

4. 관법의 공덕

부처님께서 위제희에게 말씀하시기를,

"그대들은 잘 듣고 깊이 생각하여라. 여래께서는 지금 미래 일체중생들이 번뇌로 인하여 피해를 입으므로 청정한 업을 말하리라.

착하도다. 위제희여, 이러한 일에 대하여 좋은 질문을 하였도다. 아난아, 그대는 마땅히 잘 듣고 수지하여 많은 중생들을 위하여 부처님의 말씀을 널리 베풀도록 하여라. 여래께서는 지금 위제희와 미래세상의 일체 중생들이 서방 극락세계를 관(觀)하는 법을 가르쳐주겠노라. 그대들은 부처님의 위신력(佛力)으로 인하여 마땅히 저 청정한 국토를 보게 되리라(以佛力故 當得見彼 淸淨國土).

그런데 이는 마치 맑은 거울로 자신의 얼굴을 비춰보는 것과 같으리라(如執明鏡 自見面像).

저 극락국토의 지극히 미묘하고 즐거운 일들을 보게되면, 마음에 환희심이 솟아나서 그 때 바로 무생법인19)을 얻게 되느니라(見彼國土 極妙樂事

心歡喜故 應時 卽得無生法忍)."

다시 부처님께서 위제희에게 말씀하시기를,
"그대는 범부이므로 그 마음의 생각하는바가 여리고 얕아서 아직 천안통(天眼通)을 얻지 못하여 멀리 볼 수가 없느니라. 여러 부처님의 신비한 방편에 의해서 그대는 볼 수 있을 것이니라."

이 때 위제희는 부처님께 여쭈기를,
"세존이시여, 저와 같은 사람은 부처님의 위신력(佛力)에 의하여 저 국토를 볼 수 있사오나 만약 부처님께서 입멸하신 뒤의 모든 중생들은 혼탁하고 악하며, 착하지 못하므로서 다섯 가지 고통에 시달릴 것입니다. 그들은 어떻게 하여야 아미타불의 극락세계를 볼 수 있겠습니까?"

---

19) 무생법인(無生法忍): 모든 법이 생기지 않는 空의 實性을 깨닫는 지혜.

제2장 정종분(正宗分)

제1절 16관법(十六觀法)

1. 위제희와 대중을 위한 관법

1) 지는 해를 생각하는 관(日想觀)
부처님께서 위제희에게 말씀하시기를,
「그대와 중생들은 응당히 마음을 오로지 하고 생각을 한 곳에 집중하여 서방을 생각하여라(應當專心 繫念一處 想於西方).
 어떻게 생각하는가 하면, 무릇 생각하기를, 태어나면서부터 장님이 아닌 모든 중생들 중에 눈이 있는 자는 모두 해가 지는 것을 보았을 것이니라. 마땅히 생각을 일으켜 서쪽으로 향하여 바르게 앉아 지는 해를 분명히 관 하도록 하여라(當起想念 正坐西向 諦觀於日). 마음을 굳게 머무르고 생각을 오로지 하여 움직이지 말고, 해가 지려는 형상이 마치 메달아 놓은 북과 같음을 보아야 하느니라. 이미 해를 보고 나서도 눈을 감으나 눈을 뜨나 그 형상이 분명히 보이도록 할 것이니, 이를 일상(日想)이라고 하며, 첫 번째 관(初觀)이라고 하느니라.」

2) 맑은 물을 생각하는 관(水想觀)
「다음은 물을 생각할지니라. 물이 맑고 깨끗함을 보고, 또한 그 영상이 분명하게 남아서 생각이 흩어지지 않도록 하여라. 이미 물을 보았으면, 다음은 얼음을 생각하여라. 그 얼음이 투명하게 비치는 것을 보았으면, 다음은 유리를 생각하여라. 이 생각이 모두 다 이루어졌으면, 다음은 유리로 된 땅의 안과 밖이 투명하게 비치는 것을 보아라. 그 밑에는 금강과 칠보로 된 황금 당번(幢幡)[20]이 유리

---

20) 당번(幢幡): 불전(佛殿)을 장엄하는데 사용하는 당(幢)과 번(幡), 당(幢)은 깃대로서 용머리 모양으로 만들고 비단폭을 단 것이며, 번(幡)은 깃발을 말함. 지금은 당과 번을 하나로 만들어 장엄으로 달아 놓음. 우리 나라에서는 보상개라고도 함.

로 된 땅을 받치고 있음을 보아라. 황금으로 된 당번은 여덟 개의 면과 여덟 개의 각으로 되어 있고, 하나 하나의 면은 백 가지의 보배로 꾸며져 있느니라. 또 하나 하나의 보배 구슬에는 천 가지의 광명이 있으며, 이 한줄기의 광명마다 팔만 사천 가지의 색으로 빛나는데, 그 빛이 유리로 된 땅을 비추면, 마치 억 천 개의 해와 같이 밝아서 모두를 다 볼 수가 없느니라.

유리로 된 땅 위에는 황금 줄로 이리 저리 칸이 지어져있고, 칠보로써 경계를 분명히 하고 있느니라. 그 낱낱의 보배에는 오 백 가지의 색이 빛나고, 그 빛은 꽃과 같으며, 또한 별이나 달과도 같이 허공 중에 걸려 있어 광명대(光明臺)를 이루고 있느니라. 그 위에는 누각이 천 만개나 있는데, 백 가지 보배가 합하여 이루어져있으며, 광명대의 양쪽에는 각각 백 억의 꽃송이로 만들어진 당번과 무량한 악기로 장엄되어 있느니라. 찬란한 광명에서 여덟 가지의 맑은 바람이 불어와 이 악기를 울리면, 고(苦)와 공(空)과 무상(無常)과 무아(無我)의 소리를 연설하느니라. 이것을 수상(水想)이라고 하며, 두 번째라고 하느니라.」

3) 보배 땅을 생각하는 관(寶地觀)
「이러한 생각이 이루어질 때에 하나 하나를 관하여 매우 분명하게 하여 눈을 감거나 뜨거나 흩어지지 않게 하여야 하느니라. 다만 잠잘 때를 제외하고는 항상 이일을 억염(憶念)해야 하느니라. 이와 같이 생각하면, 극락세계를 대강은 보았다고 이름할 수 있느니라. 만약 삼매를 얻으면, 저 국토의 땅을 분명히 보게 되는 것이지만, 이를 모두 다 설명할 수는 없느니라. 이를 보배 땅을 생각하는(地想) 제3관이라고 하느니라」.

부처님께서 아난에게 말씀하시기를,
「그대는 내 말을 잘 간직하였다가 미래 세의 일체 중생들 가운데 고통에서 벗어나려고 하는 사람들을 위하여 이 땅을 관하는 방법(觀地法)에 대하여 말해 주어라. 만약 이처럼 땅을 관하는 사람은

80억겁 동안의 생사의 죄를 소멸할 뿐만 아니라, 몸을 버린 후 다음 세상에는 반듯이 청정한 국토에 태어날 것이니 마음속으로 의심하지 말아야 하느니라. 이와 같이 관하는 것을 바른 관(正觀)이라 하고, 만약 다르게 관하는 것을 삿된 관(邪觀)이라고 하느니라.」

4) 보배 나무를 생각하는 관(寶樹觀)
부처님께서 아난과 위제희에게 말씀하시기를,
「땅을 생각하여 관한 다음에는 보배 나무를 관하여라. 보배 나무를 관하는 것은 하나 하나 일곱 줄로 늘어선 나무를 생각하여라. 하나 하나의 나무 높이는 8천 유순이며, 그 보배 나무들은 일곱 가지 보배로 된 꽃과 잎을 구족하게 갖추지 않는 것이 없느니라. 하나 하나의 꽃과 잎은 다른 보배의 색으로 되어 있으니,
　유리 색 속에서는 금빛 광명이 나오고,
　파려 색 속에서는 붉은 광명이 나오며,
　마노 색 속에서는 자거 광명이 나오고,

자거 색 속에서는 푸른 진주 광명이 나오며,

산호 호박 등 여러 가지 보배로 꾸며져 있느니라.

미묘한 진주 그물이 보배 나무 위를 가득히 덮고 있는데,

하나 하나의 나무 위에 일곱 겹으로 덮고 있고,

하나 하나의 그물 사이에 5백 억의 미묘하고 화려한 궁전이 있는데,

마치 범천왕궁의 궁전과도 같으니라.

여러 하늘의 동자들이 자연히 그 가운데 있고,

동자마다 각각 5백억 개의 석가비릉가마니(釋迦毘楞伽摩尼)[21] 보배 영락의 구슬을 걸고 있느니라.

그 마니 광명은 백 유순을 비추는데, 마치 백억 개의 해와 달을 모아 놓은 곳 같아 다 이름을 지을 수 없으며, 여러 가지 보배가 섞여 있어 그 색이 가장 아름답느니라.

이러한 보배 나무들은 서로 적당한 간격으로 줄

---

21) 석가비릉가마니(釋迦毘楞伽摩尼): 광채가 잘 나는 구슬로 만든 제석천의 목걸이를 지칭했는데, 부처님이나 보살들도 이것을 장엄구로 사용하였음.

지어 서있고, 잎과 잎은 서로 이어져 있으며, 나뭇잎 사이마다 여러 가지 미묘한 꽃이 피어 있으며, 그 꽃에는 자연히 칠보로 된 열매가 열려 있느니라.

나뭇잎 하나 하나의 크기는 가로 세로가 한결 같이 25유순이나 되고, 그 잎은 천 가지의 색깔에 백 가지 무늬로 수놓아져 있는 것이 마치 하늘의 영락과도 같으니라.

미묘한 꽃송이들은 마치 염부단금(閻浮檀金)[22] 금색으로 빛나며, 마치 불붙은 바퀴가 구르는 것과도 같이 나뭇잎 사이를 돌고 있느니라.

우뚝 솟아나 있는 여러 가지 열매는 마치 제석천의 보배 병이 큰 광명을 내어 당번으로 변하여 무량한 보배 일산이 되느니라. 보배 일산 속에는 삼천 대천 세계의 모든 부처님들이 하시는 일(佛事)이 비치어 나타나고, 시방세계의 모든 불국토도 그 가운데 나타나느니라.

---

22) 염부단금(閻浮檀金): 자마금이라고도 함. 염부수가 많이 난 땅을 흐르는 강물 속에서 나는 사금(砂金)을 말함.

이와 같이 보배 나무를 보고 나서, 다시금 차례대로 이를 하나 하나 관하되, 나무의 줄기, 가지, 잎과 꽃과 열매를 모두 분명히 보고 관해야 하느니라. 이를 보배 나무를 생각하는(樹想) 제4관이라고 하느니라.」

5) 보배 연못을 생각하는 관(寶池觀)
「보배 연못의 물을 생각하여라. 물을 생각한다는 것은 극락국토에는 여덟 가지의 보배 연못의 물(八池水)[23]이 있고, 하나 하나의 연못의 물은 일곱 가지 보배로 이루어져 있느니라. 그 보배는 부드럽고 유연한데, 이는 구슬의 왕인 여의주에서 나온 것이니라.

그 물은 열 네 줄기로 나누어져 있고, 하나 하나의 물줄기는 칠보 색으로 된 황금의 개울로 되어 있느니라. 개울의 밑바닥은 모두 여러 가지 색으로 된 금강석의 모래가 깔려 있느니라. 하나 하나의 개울마다 60억 송이의 칠보 연꽃이 있으며, 연꽃

---

23) 팔지수(八池水): 여덟 가지 공덕이 있는 물.

한 송이 한 송이마다 둥글고 탐스러워 모두 한결같이 12유순이나 되느니라.

또한 마니보주에서 나오는 물이 연꽃 사이로 흐르며, 보배 나무를 따라 오르내리고 있느니라. 그 소리는 미묘하여 괴로움(苦)과 공(空)과 무상(無常)과 무아(無我)와 여러 가지 바라밀을 연설하며, 또 모든 부처님의 상호를 찬탄하느니라.

여의주왕으로부터 금색의 미묘한 광명이 솟아오르고, 그 광명은 변화하여 백 가지 보배 빛의 새가 되어 노래하느니라. 그 소리는 평화로우면서도 애틋하고 그윽한데, 항상 부처님을 생각하고(念佛), 가르침을 생각하고(念法), 스님들을 생각하는(念僧) 것을 찬탄하느니라. 이것을 팔공덕수를 생각하는(八功德水想) 제5관이라고 하느니라.」

6) 보배 누각을 생각하는 관(寶樓觀)

「여러 가지 보배 국토에는 하나 하나의 경계마다 500억 개의 보배 누각이 있는데, 그 누각에는 한량없는 천인들이 천상의 음악을 연주하고 있느니

라. 그리고 그 악기들은 천상의 보배 깃발과도 같이 허공에 매달려 있으며, 두드리지 않아도 저절로 울리는데, 그 소리는 모두 부처님을 생각하고(念佛), 가르침을 생각하고(念法), 비구스님들을 생각할(念比丘僧) 것을 설하고 있느니라.

이러한 생각이 이루어지면, 극락세계의 보배 나무와 보배 땅과 보배 연못을 대강은 보았다고 할 수 있느니라. 이것을 극락세계의 모습을 모두 생각하는 총관상(總觀想)이라 하며, 제6관이라고 하느니라.

만약 이와 같이 보는 사람은 무량억겁 동안의 매우 무거운 악업을 소멸하고, 목숨을 마친 후에 반드시 저 국토에 왕생하느니라. 이와 같이 관하는 것을 올바른 관(正觀)이라고 이름하고, 다르게 관하는 것을 잘못된 관(邪觀)이라고 이름하느니라.」

2. 미래중생을 위한 관법

7) 연화대를 생각하는 관(華座觀)

부처님께서 아난과 위제희에게 말씀하시기를,

「그대들은 자세히 듣고 잘 생각하고 명심하여라. 나는 그대들을 위하여 고뇌를 없애는 법을 분별하여 해설하리니, 그대들은 이를 기억하였다가 대중들을 위하여 널리 분별하여 해설해 주어야 하느니라.」

부처님께서 이와 같은 말씀을 하실 때에 무량수불이 공중에 머물러 계시고(住立空中) 관세음 대세지 두 보살이 좌우에서 모시고 있었다. 그런데 그 광명이 눈부시게 빛나 다 볼 수가 없었으며, 백천 가지의 염부단의 금빛도 이와 비교할 바가 아니었다.

이 때 위제희는 무량수불을 뵙고, 부처님의 발 아래에 예배드리고 난 후 여쭈기를,

"세존이시여, 저는 지금 부처님의 힘(佛力)으로 인하여 무량수불과 두 보살을 뵐 수 있었습니다. 그러나 미래의 중생들은 어떻게 하여야 무량수불과 두 보살을 뵐 수 있습니까?"

부처님께서 위제희에게 말씀하시기를,

「저 부처님을 뵙고자 하는 사람들은 마땅히 다음과 같은 생각을 일으켜야 하느니라. 먼저 칠보로 된 땅위에 피어 있는 연꽃을 생각해야 하느니라. 그 연꽃은 하나 하나의 꽃잎마다 백 가지 보배 색을 내고, 8만 4천 개의 잎맥이 있는데, 마치 천상의 그림과도 같으며, 그 잎맥마다 8만 4천의 광명이 빛나고 있음을 뚜렷하고, 분명하게 보도록 하여야 하느니라.

작은 꽃잎일지라도 그 크기는 길이와 너비가 250 유순이나 되며, 이와 같은 한 송이 연꽃에는 8만 4천 개의 연잎이 있고, 하나 하나의 연잎 사이에는 각각 백억 개의 마니주왕으로 찬란하게 장식되어 있느니라. 하나 하나의 마니주마다 천 개의 광명을 내며, 그 광명이 일산과 같은데, 칠보로 되어 있어 두루 땅위를 덮고 있느니라.

그리고 연화대는 석가비능가보(釋迦毘楞伽寶)24)

---

24) 석가비능가보(釋迦毘楞伽寶): 석가비능가마니와 같은 것으로 제석천의 보배, 마니보주와 같음

로 되어 있는데, 그 연화대는 8만의 금강석과 견숙가보(甄叔迦寶)25)와 범마니보(梵摩尼寶)26)와 미묘하고 아름다운 진주로 된 그물(妙眞珠網)로 장식되어 있느니라.

그 연화대 위에는 자연히 네 개의 기둥으로 된 보배 당번이 세워져 있는데, 하나 하나의 보배 당번은 백천만억의 수미산과 같고, 당번 위의 보배로 된 휘장은 야마천궁의 궁전과도 같으며, 5백억의 미묘한 보배 구슬로 장식되어 있느니라.

하나 하나의 보배 구슬에는 8만 4천의 빛이 나고, 하나 하나의 빛에는 8만 4천 가지의 색 다른 금빛이 나며, 하나 하나의 금빛은 보배 땅위를 두루 퍼져 있느니라.

그 광명은 곳곳마다 변화하여 각기 다른 모습으로 나투었는데, 때로는 금강대가 되기도 하고, 진

---

25) 견숙가보(甄叔迦寶): Kiṃśuka 꽃나무의 이름, 꽃은 붉은 색이며, 모양은 사람의 손가락과 흡사하다고 함. 견숙가보는 견숙가꽃과 같은 붉은 보배를 말함.
26) 범마니보(梵摩尼寶): Brhama-maṇi 보배구슬의 이름, 淨珠라고 번역하기도 하는데, 대범천왕의 여의보주를 지칭함.

주 그물이 되기도 하며, 여러 가지 꽃구름이 되기도 하여 여러 방면에서 뜻에 따라 변화하여 불사(佛事)를 베풀고 있느니라. 이것을 연화대를 생각하는 화좌상(華座想)이라 하며, 제7관이라고 하느니라.」

부처님께서 아난에게 말씀하시기를,
「이와 같이 미묘한 꽃은 본래 법장비구의 원력으로 이루어진 것이니라(願力所成). 만약 저 부처님을 생각하고자 하면, 먼저 마땅히 연화대를 생각하는 화좌상(華座想)을 지어야 하느니라. 이와 같은 생각을 할 때에는 다른 번잡한 관(雜觀)을 하지 말고, 하나 하나를 모두 관 해야 하느니라. 즉 하나 하나의 꽃잎과 하나 하나의 구슬과 하나 하나의 광명과 하나 하나의 연화대와 하나 하나의 당번을 모두 분명하게 생각하여 마치 거울 속에 비친 자신의 얼굴을 보듯이 해야 하느니라. 이러한 생각을 성취하는 사람은 5만겁 동안의 생사의 죄를 소멸하고, 반듯이 결정코 극락세계에 왕생할 것이니라. 이와 같이 관하는 것을 올바른 관(正觀)이라고 이름하고, 다르게 관하는 것을 잘못된 관(邪觀)이라고 이름하느니라.」

8) 불상을 생각하는 관(像想觀)
부처님께서 아난과 위제희에게 말씀하시기를,

「이러한 관을 다 성취하였으면, 다음에는 부처님을 생각하여라(想佛). 어찌하여 그러한가 하면, 제불여래는 법계신(法界身)27)이므로 일체 중생의 마음속에 들어 있느니라(諸佛如來 是法界身 入一切衆生心想中).

그러므로 그대들이 마음으로 부처를 생각할 때 그 마음이 바로 32상28)과 80수형호29)이니라(心想

---

27) 법계신(法界身): 法身을 말함. 부처님의 법신은 법계에 있는 중생들을 두루 감응시키는 佛身이므로 법계신이라고 함.
28) 32상: 부처님의 몸에 갖춘 32종의 대인상. 이 상을 갖춘 사람은 세속에 있으면, 전륜성왕이 되고 출가하면 부처가 된다고 함.
29) 80수형호: 80種好라고도 하는데, 부처님과 보살의 몸에 갖추고 있는 특징 중에서 미세하고 은밀하여 알기 힘든 80가지의 모습. 현저하게 나타나는 것은 32

佛時 是心卽是三十二相八十隨形好).

그래서 마음이 부처를 지으면, 마음이 곧 부처이니라(是心作佛 是心是佛).

모든 부처님의 바른 지혜 바다(正徧知海)30)는 마음에서 생기느니라(諸佛正徧知海 從心想生).

따라서 마땅히 일심으로 생각을 집중하여 부처님의 다타아가도아라하삼약삼불타31)를 자세히 관하여라(一心繫念 諦觀彼佛 多陀阿伽度阿羅訶三貌佛陀).

저 부처님을 생각하고자 하는 사람은 마땅히 먼저 부처님의 형상을 생각하여라. 눈을 감든 뜨든 간에 염부단금색과 같이 찬란한 하나의 보배 불상이 연꽃 위에 앉아 계시는 모습을 관하여라. 그리

상이라고 함.
30) 정편지해(正徧知海): 부처님의 깨달음은 위없는 바른 지혜임을 일컫는 말. 모든 법을 깨달아 아는 지혜는 삿됨이 없으므로 正이라고 하고, 하나만 알고 다른 것은 모르는 편협된 지혜가 아니므로 徧이라 하며, 부처님의 깨달은 지혜는 바다와 같다고 하여 知海라고 함. 正等覺이라고도 함.
31) 다타아가도아라하삼약삼불타(多陀阿伽度 阿羅訶 三貌三佛陀): 여래, 응공, 정변지를 말함.

고 이와 같이 앉아 있는 부처님의 형상을 보고 나면, 마음의 눈(心眼)이 열려서 극락세계의 칠보로 된 장엄과 보배 땅과 보배 연못과 줄지어 있는 보배 나무와 모든 천상의 휘장이 그 위를 덮고 있으며, 여러 가지 보배로 된 그물이 허공에 가득함을 뚜렷하고 분명하게 보게 될 것이니라. 이와 같은 일을 분명하게 보는 것이 마치 손바닥을 보는 것과 같이 할지니라.

이러한 일을 보고 나서는 다시는 큰 연꽃이 부처님의 왼편에 피어 있는 것을 생각하여라. 그것은 앞에서 말한 연꽃과 조금도 다르지 않느니라. 또한 그와 같이 큰 연꽃이 부처님의 오른편에도 있음을 생각하여라. 한 분의 관세음보살상이 부처님의 왼편의 연화좌에 앉아서 금색 광명을 내는 것이 앞에서 말한 것과 조금도 다르지 않으며, 역시 한 분의 대세지보살이 부처님 오른편의 연화좌에 앉아 있는 모습을 생각하여라.

이러한 생각이 이루어지면, 한 부처님 상과 두 보살상은 모두 광명을 발하는데, 그 광명은 금색으로 모든 보배 나무를 비추느니라. 하나 하나의 나무 아래에는 다시 세 송이의 연꽃이 있고, 그 연꽃들 위에는 각각 한 부처님상과 두 보살상이 있는데, 저 나라에 두루 가득하느니라.

이러한 생각이 이루어지면, 수행자는 마땅히 흐르는 물과 광명과 여러 가지 보배 나무와 오리와 기러기와 원앙새 등이 모두 미묘한 법을 설하는 것을 들을 것이니라. 그리하여 선정에 들었을 때나 선정에서 나왔을 때나 항상 미묘한 법문을 들을 것이니라. 수행자는 선정에서 나왔을 때 선정 중에 들은 것을 잊어버리지 말고 잘 기억하였다가 경전과 맞추어 보아야 하느니라. 만약 그것이 경전의 가르침과 맞지 않으면, 망상(妄想)이라 하고, 만약 경전의 가르침과 맞으면, 이를 거친 생각(麤想)으로 대략 극락세계를 보았다고 하느니라. 이것을 불상을 생각하는 관(像想)이라 하며, 제8관이라고 하느니라.

이와 같이 관하는 사람은 무량억겁 동안의 생사의 죄를 소멸하고 현재의 몸으로 염불삼매(念佛三

昧)32)를 얻게 되느니라(作是觀者 除無量億劫 生死
之罪 於現身中 得念佛三昧).」

9) 진신을 생각하는 관(眞身觀)
부처님께서 아난과 위제희에게 말씀하시기를,
「이러한 생각이 이루어지면, 다음에는 다시 무량
수불의 몸의 상호와 광명을 관하여라. 아난아, 마
땅히 알아야 하느니라. 무량수불의 몸은 백천만억
야마천의 염부단의 금색과 같고, 키는 60만억 나유
타 항하사 유순이나 되느니라.

양 눈썹 사이 미간의 백호(白毫)는 오른쪽으로
우아하게 돌고 있는데, 마치 다섯 개의 수미산과도
같으니라.

부처님의 눈(佛眼)은 사대해(四大海)33)의 물과
도 같이 푸르고 흰 것이 분명하느니라.

몸의 모든 털구멍에서는 광명이 나오는데, 수미
산과도 같으며, 그 부처님의 둥근 광명(佛圓光)34)

---

32) 염불삼매(念佛三昧): 觀念念佛과 稱名念佛로 나눌 수 있다.
33) 사대해(四大海): 수미산의 사방에 있는 큰 바다.

은 백억 삼천대천세계와도 같으니라

원광(圓光) 속에는 백만억 나유타 항하사와도 같이 많은 화신불(化身佛)35)이 있고, 역시 한 분 한 분의 화신불에는 무수히 많은 화신보살들이 시자(侍者)36)로 계시느니라.

무량수불에게는 8만 4천 가지의 상호가 있고, 하나 하나의 상호에는 각각 8만 4천의 수형호가 있으며, 다시 하나 하나의 수형호에는 8만 4천의 광명이 나오고 있느니라. 하나 하나의 광명은 시방세계를 두루 비추어 염불하는 중생을 섭취하여 버리지 않느니라(一一光明 徧照十方世界 念佛衆生 攝取不捨).

이러한 광명과 상호와 화신불에 대해서는 말로써 다할 수 없으니, 다만 기억하고 생각하여 마음의 눈으로 보도록 하여라.

이와 같이 볼 수 있는 사람은 시방세계의 일체

---

34) 원광(圓光): 頂光, 後光이라고도 하는데, 부처님과 보살의 머리 둘레에서 비치는 둥근 광명을 말함.
35) 화신불(化身佛): 삼신불 중의 하나로 현실에 몸을 나투어 중생을 교화하는 부처님.
36) 시자(侍者): 시중 드는 사람.

부처님을 보며, 모든 부처님을 보기 때문에 염불삼매(念佛三昧)라고 하느니라. 이렇게 관하는 것을 일체의 부처님 몸을 관(名觀一切佛身)한다라고 이름하며, 부처님의 몸을 관하기 때문에 또한 부처님의 마음을 보는 것이니라(以觀佛身故 亦見佛心).

부처님의 마음이란 큰 자비이므로 무연자비(無緣慈悲)37)로써 모든 중생을 섭취하시느니라(佛心者 大慈悲 是以無緣慈悲 攝諸衆生).

이와 같이 관하는 사람은 몸을 버리고 내세에는 모든 부처님 앞에 태어나 무생법인(無生法忍)을 얻게 되느니라. 그러므로 지혜로운 사람은 마땅히 마음을 집중하여 무량수불을 자세히 관하여라(智者 應當繫心 諦觀無量壽佛).

무량수불을 관하는 사람은 한 가지 상호로부터 관하여 들어가야 하는데, 먼저 미간의 백호를 관함

---

37) 무연자비(無緣慈悲): 인연이 없는 중생에게도 자비심을 베푸는 것으로 心想을 모두 없애서 분별하는 바가 없으므로 無, 無相, 無心으로 짓는 부처님의 大無量心의 자비.
범부의 자비인 衆生緣慈悲와 이승과 초지보살 이상의 자비인 法緣慈悲와 함께 3종 자비라고 함.

에 있어서 매우 명료하게 하여야 하느니라. 미간의 백호를 보면 부처님의 8만 4천 상호가 저절로 나타나느니라.

무량수불을 보는 사람은 시방세계의 헤아릴 수 없이 많은 부처님을 보게 되며, 무량한 제불을 친견하기 때문에 제불이 앞에 나투시어 수기를 받게 되느니라. 이러한 것을 모든 부처님의 모습을 두루 생각하는 관(遍觀一切色身想)이라 하며, 제9관이라고 하느니라. 이와 같이 관하는 것을 올바른 관(正觀)이라고 이름하고, 다르게 관하는 것을 잘못된 관(邪觀)이라고 이름하느니라.」

10) 관세음보살을 생각하는 관(觀音觀)
부처님께서 아난과 위제희에게 말씀하시기를,

「무량수불을 뚜렷하고, 분명하게 뵈었으면, 다음에는 마땅히 관세음보살을 관해야 하느니라. 이 보살은 키가 80억 나유타 유순이나 되고, 몸은 자마금색이며, 정수리에는 육계(肉鷄)가 있고, 목에는 둥근 광명(圓光)이 비치는데, 그 넓이가 각각 백천

유순이니라. 그 원광 속에는 5백 화신불이 계시는데, 모두 석가모니부처님과 같으니라. 한 분 한 분의 화신불마다 5백의 화신보살이 계시며, 무수히 많은 천인들이 시자(侍者)로 있느니라. 그리고 몸의 광명 속에는 오도중생들의 온갖 모습이 모두 나타나느니라.

머리 위에는 비능가마니보배로 된 천관(天冠)이 있고, 그 천관 가운데에 한 분의 화신불이 계시는데, 높이가 25유순이니라.

관세음보살의 얼굴은 염부단금색과 같고, 미간의 백호는 칠보색을 띠고 있는데, 8만 4천 종류의 광명이 흘러나오느니라. 하나 하나의 광명에는 한량없이 많은 백천의 화신불들이 계시고, 한 분 한 분의 화신불을 무수한 화신보살들이 시자로 모시고 있느니라. 이들은 모두 변화하는 것이 자재로워서 시방세계에 가득차 있느니라.

비유하자면, 마치 붉은 연꽃 색과 같이 80억 가지 광명으로 만든 영락을 가지고 있는데, 그 영락 속에는 모두 일체의 모든 장엄한 일들이 널리 나타나느니라.

　손바닥에는 5백억이나 되는 여러 가지 연꽃 색을 띠고 있으며, 열 개의 손가락이 있는데, 하나 하나의 손가락에는 8만 4천 가지의 무늬가 있어 마치 도장이 찍힌 것과도 같으니라. 또한 무늬마다 8만 4천의 색이 있고, 하나 하나의 색에는 8만 4천의 광명이 있으며, 그 광명은 유연하여 널리 모든 것을 비추며, 이 보배의 손으로 중생들을 맞이하여 이끌어 주시느니라.(其光柔軟　普照一切　以此寶手接引衆生).

　또한 보살이 발을 들 때에는 발바닥에 천폭륜상(千輻輪相)38)이 있는데, 자연히 변화하여 5백억 개의 광명대가 되며, 발을 디딜 때에는 금강마니 꽃으로 변화하여 모든 곳에 흩어져 가득하지 않는 곳이 없느니라. 그 밖의 다른 모습은 모두 구족하여 부처님과 다름이 없으나, 오직 정수리의 육계와 무견정상(無見頂相)39)만이 부처님에 미치지 못하

---

38) 천폭륜상(千輻輪相): 부처님의 발바닥에 바퀴살 무늬가 있음. 32상 중 하나.
39) 무견정상(無見頂相): 부처님의 정수리는 높아서 볼

느니라. 이러한 것을 관세음보살의 진실한 모습을 보는 색신을 생각하는 관(觀觀世音菩薩眞實色身想)이라 하며, 제10관이라고 하느니라.」

부처님께서 아난에게 말씀하시기를,
「만약 관세음보살을 관하고자 한다면, 마땅히 이와 같이 관하여라. 이러한 관을 하는 사람은 어떠한 재앙도 만나지 않고, 업장을 깨끗이 소멸하여 무수겁 동안의 생사의 죄를 없애게 되느니라. 이와 같이 보살의 이름만 들어도 무량한 복을 받는데, 어찌 하물며 자세히 관함에 있어서야 말해서 무엇 하겠는가?(如此菩薩 但聞其名 獲無量福 何況諦觀)

만약 관세음보살을 관하고자 하는 사람은 먼저 정상의 육계를 관하고 다음으로 천관을 관하며, 그 밖의 나머지 상호도 차례로 관하되 모두 뚜렷하고 분명하게 관하여 마치 손바닥 안을 보듯이 하여야 하느니라. 이와 같이 관하는 것을 올바른 관(正觀)이라고 이름하고, 다르게 관하는 것을 잘못된 관

수 없다고 함. 80수형호의 하나.

(邪觀)이라고 이름하느니라.」

11) 대세지보살을 생각하는 관(勢至觀)
「다음에는 대세지보살(大勢至菩薩)을 생각하여 관하여라. 이 보살의 몸의 크기는 관세음보살과 같으나 둥근 광명(圓光)의 넓이는 각각 125유순이며, 250유순까지를 비추느니라. 온 몸의 광명은 시방 국토를 비추는데, 자금색으로 인연 있는 중생(有緣衆生)은 모두 볼 수 있느니라. 다만 이 보살의 한 모공(毛孔)에서 나오는 광명만 보아도 시방세계의 무량한 제불의 청정하고 미묘한 광명을 볼 수 있느니라. 그러므로 이 보살을 무변광(無邊光)이라고 이름하느니라.

또한 지혜의 광명으로 두루 모든 중생을 비추어 삼악도를 여의게 하고, 위없는 힘인 무상력(無上力)을 얻게 하므로 대세지(大勢至)라고 이름하느니라.

이 보살의 천관(天冠)에는 500 송이의 보배 연꽃이 있고, 하나 하나의 보배 연꽃에는 500 개의 보배로 된 꽃받침대가 있는데, 그 하나 하나의 꽃받침대에는 시방세계의 청정하고, 미묘한 불국토의 광대한 모습이 모두 나타나니라.

정수리의 육계는 발두마화(鉢頭摩華)40)와 같고, 육계 위에는 한 개의 보배 병이 있는데, 온갖 광명이 가득하여 두루 불사(佛事)를 나투느니라. 그 밖의 여러 가지 몸의 모습은 관세음보살과 같아 다름이 없느니라.

이 보살이 다닐 때에는 시방세계의 모든 것이 진동하고, 땅이 움직이는 곳마다 500억 송이의 보배 연꽃이 피어나고, 하나 하나의 보배 연꽃 송이마다 장엄함이 매우 뛰어나서 극락세계와 같으니라.

이 보살이 앉을 때에는 칠보로 된 국토가 일시에 진동하는데, 아래로는 금광불국토로부터 위로는 광명왕불국토에 이르기까지 모두 흔들리느니라. 그 사이에 있는 무량무수한 무량수불의 분신과 관세음보살과 대세지보살의 분신들이 극락국토에 구름처럼 모여들어 공중 가득히 연화좌에 앉아서 미묘한

---

40) 발두마화(鉢頭摩華): Padma 붉은 연꽃을 말함.

법을 연설하고, 고해 중생들을 제도하시느니라.
　이와 같이 관하는 것을 올바른 관(正觀)이라고 이름하고, 다르게 관하는 것을 잘못된 관(邪觀)이라고 이름하느니라. 대세지보살을 보는 이러한 것을 대세지의 색신을 생각하는 관(觀大勢至色身想)이라 하며, 제11관이라고 하느니라.
　이 보살을 관하는 사람은 무수 아승지겁 동안의 생사의 죄를 소멸하고, 이를 관하는 사람은 어머니의 태중에 들어가지 않고 항상 모든 부처님의 청정하고 미묘한 국토에서 노닐게 되느니라. 이와 같은 관이 이루어졌으면, 관세음, 대세지관이 구족하였다고 이름하느니라.」

　12) 자신의 왕생을 생각하는 관(普觀)
　「이러한 것을 볼 때에는 마땅히 자기 마음을 일으켜(當起自心), 자신이 서방극락세계에 태어나 연꽃 속에 결가부좌하고 앉아 있는데, 연꽃이 오므라들어 합해지는 생각과 연꽃이 피어나는 생각을 하여야 하느니라. 연꽃이 피어날 때에는 500가지의 광명이 나와서 자신의 몸을 비추는 것을 생각하여야 하고(來照身想), 또한 자신의 눈을 뜨이게 한다라고 생각하여라(眼目開想).

이렇게 되면, 부처님과 보살이 허공에 가득함을 볼 수 있으며, 물소리와 새소리와 보배 나무들이 살랑거리는 소리 및 부처님의 음성 등은 모두 미묘한 설법으로 십이부경(十二部經)41)의 가르침과 합치되느니라. 그리고 선정에서 나온 뒤에도 잘 기억하여 잊지 않도록 하여야 하느니라.

이와 같이 보면, 무량수불과 극락세계를 보았다고 말하고, 이것을 널리 생각하는 관(普觀想)이라 하며, 제12관이라고 하느니라. 무량수불의 무수한 화신과 관세음보살과 대세지보살이 함께 항상 이

---

41) 십이부경(十二部經): 十二分敎, 十二分聖敎, 十二分經이라고도 함. 경전의 형식과 내용에 따라 12종류로 구분한 것으로 수다라(修多羅, 經), 기야(祇夜, 重頌), 화가라나(和伽羅那, 授記), 가타(伽陀, 孤起頌), 우타나(優陀那, 無問自說), 니타나(尼陀那, 因緣), 아파타나(阿波陀那, 譬喩), 이제왈다가(伊帝曰多伽, 如是語, 本事), 사타가(闍陀迦, 本生), 비불약(毘佛略, 方等, 方廣), 아부타달마(阿浮陀達磨, 未曾有), 우바제사(優婆提舍, 論議) 등을 말함.

수행인의 처소에 오시느니라.」

13) 정토의 잡상을 생각하는 관(雜想觀)
부처님께서 아난과 위제희에게 말씀하시기를,

「만약 지극한 마음으로 서방정토에 태어나고자 하는 사람은 먼저 한 장 여섯 척(一丈六尺)되는 불상이 연못의 물위에 계시는 모습을 관하여라. 앞에서 말한 바와 같이 무량수불의 몸은 끝이 없이 커서 범부의 마음으로는 미칠 수가 없느니라. 그러나 여래께서 과거 숙세에 세우신 원력(宿願力) 때문에 불상을 관하는 사람은 반드시 성취할 수 있느니라. 단지 부처님의 형상(想佛像)만을 생각하여도 무량한 복을 받는데, 하물며 부처님의 구족하신 모습을 관조(觀佛具足身相)하는 공덕은 말하여 무엇하겠느냐?

아미타불(阿彌陀佛)의 신통력은 마음먹은 대로 이루어지므로 시방 국토에 나투시는 것을 자재로히 하여 때로는 허공 중에 가득차기도 하고, 때로는 작은 몸을 나투시어 한 장 여섯 척이나 여덟 척

정도가 되기도 하느니라. 나투시는 형상은 모두 진금색이고, 원광 속의 화신불과 보배 연꽃은 위에서 설한 바와 같으니라. 그리고 관세음보살과 대세지보살은 어디에서나 그 몸의 형상은 같지만, 중생들이 오직 두 보살의 머리의 모양만을 보고 이 분은 관세음보살이며, 이 분은 대세지보살임을 알 수 있느니라. 이 두 보살은 아미타불을 도와서 널리 모든 중생을 교화하느니라. 이것을 정토의 잡상을 생각하는 관(雜想觀)이라 하며, 제13관이라고 하느니라.」

3. 삼배구품왕생(三輩九品往生)

14) 상품극락을 생각하는 관(上輩觀)

① 상품상생(上品上生)
부처님께서 아난과 위제희에게 말씀하시기를,
「상품상생(上品上生)이라고 하는 것은 극락에 태어나고자 하는 중생들이 세 가지 마음을 내면, 바로 왕생할 수 있는 곳이니라. 무엇을 셋이라고 하는가 하면, 첫째는 지극히 정성스러운 마음(至誠心)이고, 둘째는 깊이 믿는 마음(深心)이며, 셋째는 회향하여 발원하는 마음(廻向發願心)이니라. 이 세 가지 마음을 갖추는 사람은 반드시 저 극락국토에 태어나게 되느니라.

다시 세 종류의 중생이 있어 마땅히 왕생할 수 있는데, 무엇을 셋이라고 하는가 하면, 첫째는 자비심으로 살생하지 않고, 모든 계행을 구족하게 지키는 것이며, 둘째는 대승인 방등 경전들을 독송하는 것이며, 셋째는 육염(六念)42)을 수행하고, 그 공덕을 부처님의 나라에 태어나고자 회향하여 발원하는 사람이니라.

이러한 공덕을 갖추어 하루에서 칠일 동안 이르게 되면, 바로 왕생할 것이니라(一日乃至七日 卽得往生). 이들은 용맹스럽게 정진하였기 때문에 저 나라에 태어날 때에 아미타불께서 관세음보살과 대

---

42) 육염(六念): 六念法, 六隨念이라고도 하는데, 念佛, 念法, 念僧, 念戒, 念施, 念天을 말함.

세지보살과 무수한 화신불과 백천의 비구와 성문대중 및 한량없는 천인들과 칠보궁전과 함께 나타나시느니라.

관세음보살은 금강대를 가지고, 대세지보살과 함께 수행자 앞에 이르며, 아미타불은 큰 광명을 발하여 수행자의 몸을 비추고, 모든 보살들과 더불어 손을 내밀어 영접하시느니라. 그 때 관세음보살과 대세지보살은 무수한 보살들과 함께 이 수행자를 찬탄하고 그 마음을 더욱 격려하시느니라.

수행자는 이를 보고 뛸 듯이 기뻐하면서 스스로 자기 몸을 돌아보면, 이미 자신이 금강대에 앉아 부처님 뒤를 따라서 손가락 한번 튀기는 사이에 극락세계에 왕생하게 되느니라(自見其身 乘金剛臺 隨從佛後 如彈指頃 往生彼國).

극락세계에 태어난 수행자는 상호가 원만하신 부처님을 친견하고, 여러 보살들의 상호도 원만한 것을 보게 되느니라. 그리고 광명이 찬란한 보배 나무숲에서 울려 나오는 미묘한 법문을 들으면, 바로 무생법인(無生法忍)을 깨닫게 되느니라. 또 잠시

동안에 두루 시방세계를 다니면서 모든 부처님을 받들어 섬기고, 부처님 앞에서 수기를 받은 뒤 극락세계로 돌아와 무량한 백천의 다라니문을 얻게 되느니라. 이것을 상품상생(上品上生)이라고 하느니라.」

② 상품중생(上品中生)

「상품중생(上品中生)이라고 하는 것은 반드시 방등경전을 받아지니고 독송하지는 않더라도 대승의 뜻을 잘 알고, 제일 심오한 진리에 대하여 마음이 놀라거나 두려워하지도 않으며, 깊이 인과를 믿고, 대승법을 비방하지 않으며, 이러한 공덕을 회향하여 극락세계에 태어나기를 원하는 이들을 말하느니라.

이와 같은 수행자가 목숨을 마치려고 할 때 아미타불께서는 관세음보살과 대세지보살 등 무량한 대중들과 권속들에게 둘러싸여 자마금색의 연화대를 가지고, 그 수행자 앞에 나타나서 찬탄하시기를, "진리의 아들이여, 그대는 대승법을 행하고, 그 근본진리를 알았으니, 이제 내가 와서 그대를 영접하노라(法子 汝行大乘 解第一義 是故 我今來迎接汝)"라고 하시면서 일천의 화신불들과 함께 동시에 손을 내미느니라.

이 때 수행자는 자신을 돌아보면, 이미 자마금색 연화대에 올라앉아 합장하고 차수(叉手)43)하여, 제불을 찬탄하며, 한 생각 사이에 극락세계에 왕생하여 칠보로 된 연못 속에 태어나느니라.

이 자마금색 연화대는 큰 보배 꽃과 같고, 하룻밤을 지나면 피어나는데, 수행자의 몸은 자마금색으로 변하며, 그의 발 밑에도 칠보로 된 연꽃이 있느니라. 부처님과 보살들이 함께 광명을 내어 수행자의 몸을 비추면, 눈이 바로 열려서 밝아지느니라(目卽開明). 그는 과거 숙세에 익힌 공덕으로 말미암아 극락세계의 여러 가지 소리를 널리 듣고는 그 소리가 심오하고 깊은 제일의제(第一義諦)44)임을

---

43) 차수(叉手): 합장 다음으로 중요시하는 인도의 예법. 왼손으로 오른손을 쥐고 가슴과 약간 떠어 젖가슴 높이로 올린다. 禪院에서는 부처님 앞으로 갈 때는 합장을 하고, 뒤로 물러나올 때는 차수를 한다.

아느니라. 그리고 그는 바로 자금대에서 내려와 부처님께 합장하고 예배하며 세존을 찬탄하느니라.

 칠일이 지나면, 그 때 바로 위없는 깨달음인 아뇩다라삼먁삼보리를 깨닫고 불퇴전의 경지를 얻게 되느니라. 또 그때 바로 시방세계를 날아다니면서 여러 부처님을 차례로 섬길 수 있게 되고 부처님들이 계시는 곳에서 여러 가지 삼매를 닦아 일소겁(一小劫)이 지나면, 무생법인(無生法忍)을 얻고, 부처님 앞에 나타나 수기를 받느니라. 이것을 상품중생(上品中生)이라고 하느니라.」

③ 상품하생(上品下生)
「상품하생(上品下生)이라고 하는 것은 인과(因果)를 믿고, 대승법을 비방하지 않으며, 오직 위없는 도를 구하는 마음을 내고, 이러한 공덕을 회향하여 극락세계에 태어나기를 원하는 이들을 말하느니라. 이 수행자가 목숨을 마치려고 할 때 아미타

---

44) 제일의제(第一義諦): 근본의, 근본진리를 뜻하며, 진여의 도리를 말함.

불께서는 관세음보살과 대세지보살을 비롯한 모든 권속들과 함께 금으로 된 연꽃인 금련화(金蓮華)를 가지고 5백의 화신불을 나투시어 이 사람을 맞이하시러 오시느니라.

5백의 화신불은 모두 함께 동시에 손을 내밀면서 찬탄하기를, "진리의 아들이여, 그대는 이제 청정하게 위없는 도를 구하는 마음을 내었기에 내가 그대를 맞이하러 왔노라(法子 汝今淸淨 發無上道心 我來迎汝)"라고 하시느니라.

수행자가 이러한 일을 보고 자신의 몸을 돌아보면, 이미 자신이 금련화 위에 앉아 있음을 알게 되느니라. 그가 앉으면 바로 연꽃은 오므라들고, 세존의 뒤를 따라서 바로 칠보로 된 보배 연못 속에 왕생하느니라.

그리하여 하루 밤낮을 지나게 되면, 연꽃이 피어나고, 그는 칠일 동안에 부처님을 뵐 수 있느니라. 그러나 부처님을 뵐 수는 있지만, 부처님의 여러 가지 상호가 마음에 분명하지 않고, 21일이 지난 후에 비로소 분명히 볼 수 있느니라. 그리고 극락세계의 여러 가지 소리들이 모두 미묘한 법을 연설하는 것을 들을 수 있느니라. 시방세계를 두루 돌아다니면서 제불을 공양하고, 여러 부처님 앞에서 매우 깊은 법문을 듣느니라. 삼소겁(三小劫)이 지난 뒤에 백법명문(百法明門)45)을 얻어 보살의 초지인 환희지(歡喜地)46)에 머물게 되느니라. 이것을 상품하생(上品下生)이라고 하느니라. 이상과 같은 것을 말하여 상배에 왕생하는 것을 생각하는 관(上輩生想)이라 하며, 제14관이라고 이름하느니라.」

15) 중품극락을 생각하는 관(中輩觀)

① 중품상생(中品上生)
부처님께서 아난과 위제희에게 말씀하시기를,

---

45) 백법명문(百法明門): 보살의 十地 가운데 처음인 歡喜地에서 얻는 지혜문. 백법을 확실히 통달하는 지혜문을 말하는데, 백법이란 五位百法을 의미하거나, 여러 가지 지혜문을 말한다거나, 十信에 각각 十信을 갖추므로 백법이 된다는 설이 있다.
46) 환희지(歡喜地): 보살의 수행단계 중 十地의 初地를 말함.

「중품상생(中品上生)이라고 하는 것은 어떤 중생이 오계(五戒)와 팔재계(八齋戒)와 모든 계를 받아 지키며, 오역죄(五逆罪)를 범하지 않고, 아무런 허물이 없는 이러한 선근을 회향하여 서방극락세계에 태어나기를 원하는 경우이니라. 이러한 수행자가 목숨을 마치려고 할 때에는 아미타불이 여러 비구와 권속들에게 둘러싸여 금색광명을 내며, 그 사람이 있는 곳에 이르러 괴로움(苦)과 공(空)과 무상(無常)과 무아(無我)를 연설하고, 출가하여 모든 괴로움을 여읜 것을 찬탄하시느니라.

수행자는 부처님을 뵙고 나서 마음으로 크게 기뻐하면서 스스로 자기 몸을 되돌아보면, 이미 연화대에 앉아 있느니라. 그는 무릎을 꿇고 합장하여 부처님께 예배하고 아직 머리를 채 들기도 전에 바로 극락세계에 왕생하며, 그 때 그를 감싸고 있던 연꽃이 피는데, 연꽃이 활짝 열리자 모든 소리가 사제(四諦)를 찬탄하는 소리로 들리느니라. 이 때 그는 바로 아라한도를 얻고, 삼명(三明)과 육신통과 팔해탈(八解脫)47)을 구족하게 되느니라. 이것을 중품상생(中品上生)이라고 하느니라.」

② 중품중생(中品中生)

「중품중생(中品中生)이라고 하는 것은 어떤 중생이 하루 밤 하루 낮 동안만이라도 팔재계(八齋戒)를 지키거나, 혹은 하루 밤 하루 낮만이라도 사미계를 지키거나, 또는 하루 밤 하루 낮만이라도 구족계(具足戒)를 지켜, 그 위의에 조금도 부족함이 없는 이러한 공덕을 회향하여 극락세계에 태어나고자 원하는 경우이니라.

계행의 향기가 몸에 배어 있는 이러한 수행자가 목숨을 마칠 때에 아미타불께서 많은 권속들을 데리시고, 금색광명을 놓으시면서 칠보로 된 연꽃을 가지시고 수행자 앞에 오심을 뵐 수 있느니라.

그 때 수행자는 허공에서 자신을 찬탄하는 소리를 듣는데, "선남자여, 그대와 같이 착한 사람은 삼세(三世)의 모든 부처님의 가르침을 따랐기 때문에

---

47) 팔해탈(八解脫): 여덟 가지 선정의 힘으로 탐착심을 버리는 것이므로 八背捨라고도 함.

내가 그대를 맞이하러 왔노라(善男子 如汝善人 隨順三世 諸佛敎故 我來迎汝)."라고 하시느니라. 이 말을 듣고 수행자가 스스로를 돌아보면, 자신이 이미 연꽃 위에 앉아 있으며, 그 순간 연꽃은 바로 오므라들어 서방극락세계의 보배 연못 가운데 앉아 있느니라. 칠일이 지난 뒤에 연꽃이 피는데, 그 연꽃이 피어나자 수행자의 눈도 열리느니라. 수행자는 합장하여 세존을 찬탄하고 법문을 듣고 나서 기쁨에 넘쳐 바로 수타원(須陀洹)48)과를 얻고 반겁(半劫)이 지난 뒤에 아라한(阿羅漢)과를 얻느니라. 이것을 중품중생(中品中生)이라고 하느니라.」

③ 중품하생(中品下生)
「중품하생(中品下生)이라고 하는 것은 선남자와 선여인이 부모에게 효도하고, 세상 사람들에게 어질고 자비로운 행을 하는 경우이니라. 이 사람이 목숨을 마치려고 할 때 선지식을 만나 아미타불의

---

48) 수타원(須陀洹): Srota-āpanna 성문 4과 중에 하나. 예류과라고도 함.

극락국의 즐거움과 법장비구의 48대원에 대한 이 야기를 널리 듣게 되느니라. 이러한 이야기를 듣고 바로 목숨을 마치면, 마치 힘센 장사가 팔을 한 번 굽혔다가 펴는 것과 같은 잠깐 사이에 바로 서방극락세계에 태어나느니라.

칠일이 지난 뒤에 관세음보살과 대세지보살을 만나 법문을 듣고 기뻐하며, 일소겁(一小劫)을 지난 후에 아라한도를 얻게 되며, 이것을 중품하생(中品下生)이라고 하느니라. 이상과 같은 것을 말하여 중배에 왕생하는 것을 생각하는 관(中輩生想)이라 하며, 제15관이라고 이름하느니라.」

16) 하품극락을 생각하는 관(下輩觀)

① 하품상생(下品上生)
부처님께서 아난과 위제희에게 말씀하시기를,
「하품상생(下品上生)이라고 하는 것은 혹 어떤 중생이 여러 가지 악업을 짓는 경우이다. 비록 방등경전은 비방하지 않는다고 할 지라도 이와 같이 어리석은 사람은 여러 가지 많은 나쁜 짓을 하면서도 뉘우칠 줄 모르는 것이니라.

이러한 사람은 목숨을 다하려고 할 때에 선지식을 만나, 그를 위하여 대승 12부 경전의 제목을 찬탄하는 것을 듣게 되느니라. 이와 같이 경전의 제목을 들은 공덕으로 천겁 동안 지은 지극히 무거운 죄를 소멸하게 되느니라. 다시 지혜로운 사람은 그에게 합장 차수하고 나무아미타불을 부르도록 가르치며, 부처님의 명호를 부르는 공덕으로 50억 겁의 죄를 소멸하느니라.

이 때 저 부처님은 화신불과 화신 관세음보살과 화신 대세지보살을 수행자 앞에 가게 하여 찬탄하시기를, "선남자여, 그대는 부처님의 명호를 부른 까닭에 여러 가지 죄업을 소멸하고 내가 그대를 맞이하러 왔노라(善男子 汝稱佛名故 諸罪消滅 我來迎汝)."라고 하시느니라.

이 말이 끝나자마자 수행자는 곧 화신불의 광명이 그 방안에 가득한 것을 보고 나서 기뻐하면서 바로 목숨을 마치게 되느니라. 그리고 보배 연꽃을 타고 화신불의 뒤를 따라 보배 연못 가운데 태어난 후에 49일이 지나면 그 연꽃이 피느니라(乘寶蓮華隨化佛後 生寶池中 經七七日 蓮華乃敷).

연꽃이 필 때에는 대비 관세음보살과 대세지보살이 대광명을 비추면서 그 사람 앞에 와서 그를 위하여 심오한 12부 경전을 설하시느니라. 그가 다 듣고 나서 깊이 믿고 이해하여 무상의 보리심을 발한 뒤 10소겁이 지나면 백법명문(百法明門)을 갖추어 초지(初地)에 들게 되는데, 이것을 하품상생(下品上生)이라고 하느니라. 이와 같이 부처님의 명호와 부처님 가르침의 명호와 스님들의 명호인 삼보의 명호를 들은 공덕으로 바로 극락세계에 왕생할 수 있느니라(得聞佛名法名 及聞僧名 聞三寶名 即得往生).」

② 하품중생(下品中生)

부처님께서 아난과 위제희에게 말씀하시기를,

「하품중생(下品中生)이라고 하는 것은 혹 어떤 중생이 오계와 팔계와 구족계 등을 범하는 경우이니라. 이와 같이 어리석은 사람은 승단의 물건을 훔치는 투승지물(偸僧祇物)49)을 행하거나, 현재 승려의 물건을 훔치는 도현전승물(盜現前僧物)50)을 행하거나, 혹은 청정하지 못하게 설법하는 부정설법(不淨說法)51)을 행하면서도 뉘우치고 부끄러워 할 줄 모르고, 온갖 죄업을 저지르고도 오히려 자신이 옳다고 장엄하는 사람을 말하느니라. 이와 같은 죄인은 악업의 과보로 인하여 응당히 지옥에 떨어질 수밖에 없게 되니, 그가 목숨을 마치려고 할 때 지옥의 모든 불길이 한꺼번에 몰려들게 되느니라.

그러나 이 때 선지식을 만나게 되어, 이 선지식이 큰 자비로써 이 사람을 위하여 아미타불의 열가지 위신력을 설하고, 저 부처님의 광명이 지닌 신

---

49) 투승지물(偸僧祇物): 승단의 집단생활에서 공동으로 사용하는 물건을 함부로 사용 함.
50) 도현전승물(盜現前僧物): 개인 승려의 물건을 승낙 없이 함부로 사용하거나, 죽은 승려의 물건을 함부로 사용함.
51) 부정설법(不淨說法): 자신이 깨닫지도 못했으면서도 깨달았다고 하거나, 개인의 이익과 명예를 위해서 설법하는 경우.

통력을 널리 찬탄하며, 또한 계정혜(戒定慧)와 해탈(解脫)과 해탈지견(解脫知見)을 찬탄하시느니라. 이 사람이 이 법문을 듣게 되면, 80억겁의 생사의 죄를 소멸하고, 지옥의 맹렬한 불길은 맑고 시원한 바람으로 변해지며, 여러 곳의 하늘 꽃이 날리느니라. 그 꽃 위에는 화신불과 화신보살이 이 사람을 맞이하시느니라.

그래서 그는 일념(一念) 사이에 바로 왕생하지만, 칠보로 된 연못 가운데 있는 연꽃 속에서 6겁을 지나서야 연꽃이 피게 되느니라. 연꽃이 필 때에 관세음보살과 대세지보살이 청정한 소리(梵音聲)로 그 사람을 편안하게 위로하고, 그를 위하여 대승의 매우 심오한 경전을 설하시느니라. 그는 이러한 법문을 듣고 곧 바로 무상의 도를 구하려는 마음을 내느니라. 이것을 하품중생(下品中生)이라고 하느니라.」

③ 하품하생(下品下生)
부처님께서 아난과 위제희에게 말씀하시기를,

「하품하생(下品下生)이라고 하는 것은 혹 어떤 중생이 착하지 못한 오역죄(五逆罪)와 열 가지 악(十惡)을 지으며, 온갖 착하지 못한 일을 행하는 경우이니라. 이와 같이 어리석은 사람은 악업을 지은 까닭으로 마땅히 악도에 떨어져 오랜 겁 동안 한없는 괴로움을 받을 것이니라.

이와 같이 어리석은 사람이 목숨을 마치려고 할 때에 선지식을 만나 여러 가지로 편안하게 위로하고 그를 위하여 미묘한 법을 설해주며, 염불(念佛)하도록 가르침을 받게 되느니라. 그러나 이 사람은 극심한 고통에 시달려서 염불할 경황조차도 없느니라. 그래서 선지식은 다시 그에게 말하기를, "그대가 만약 부처님을 능히 생각할 수 없으면, 마땅히 무량수불을 부르도록 하여라(汝若不能念者 應稱無量壽佛)."라고 하느니라.

그가 이와 같이 지극한 마음으로 소리가 끊어지지 않게 하여 구족하게 열번 나무아미타불을 부르게 되면, 부처님의 명호를 부른 공덕으로 80억겁의 생사의 죄가 소멸되느니라(如是至心令聲不絶具足十

念稱南無阿彌陀佛稱佛名故於念念中除八十億劫生死之罪).

  그리고 그 사람의 목숨이 마칠 때에 마치 태양과 같은 금색 연꽃(金蓮華)이 그 사람 앞에 머무는 것을 보게 되고, 일념(一念) 사이에 바로 극락세계의 연꽃 속에 왕생하게 되느니라. 그런 후 12대겁이 지나면 연꽃이 피는데, 그 때 관세음보살과 대세지보살은 자비로운 음성으로 그를 위하여 일체 만법의 참다운 실상(諸法實相)과 모든 죄업을 소멸하는 법(除滅罪法)을 설해 주시느니라. 기쁜 마음으로 법문을 다 듣고 나면, 바로 보리심을 발하게 되니, 이것을 하품하생(下品下生)이라고 하느니라. 이상과 같은 것을 말하여 하배에 왕생하는 것을 생각하는 관(下輩生想)이라 하며, 제16관이라고 이름하느니라.」

제2절 법문을 들은 공덕(利益分)

부처님께서 이와 같은 말씀을 하셨을 때, 위제희는 500명의 시녀들과 함께 부처님의 설법을 듣고 바로 극락세계의 광대하고 장엄한 모습을 보았느니라. 그리고 부처님과 관세음보살과 대세지보살의 모습을 뵈옵고, 마음에 환희심이 넘쳐 일찍이 없었던 일이라고 찬탄하였으며, 확연히 크게 깨달아 무생법인(無生法忍)을 증득하였느니라. 500명의 시녀들도 아뇩다라삼먁삼보리의 마음을 내어 저 나라에 태어나기를 원하였느니라.

세존께서는 「그대들은 모두 마땅히 왕생할 것이며, 저 극토에 태어나면, 모든 부처님께서 그대들 앞에 나투는 삼매를 얻게 되느니라(皆當往生 生彼國已 得諸佛現前三昧)」고 수기를 주셨느니라. 이 때 무량한 모든 천인들도 위없는 보리심을 발하게 되었느니라.

제3장 유통분(流通分)

제1절 경명과 수지법

이 때 아난이 자리에서 일어나 부처님께 나아가서 말씀드리기를,

"세존이시여, 이 경의 이름을 무엇이라고 하여야 하오며, 법문의 요긴한 뜻을 어떻게 받아 지녀야 하겠습니까?"라고 하였다.

부처님께서 아난에게 말씀하시기를,

「이 경의 이름은 극락세계의 무량수불과 관세음보살과 대세지보살을 관(觀)하는 경(此經名 觀極樂國土 無量壽佛 觀世音菩薩 大勢至菩薩)이라고 하며, 또한 업장을 말끔히 없애고 모든 부처님 앞에 태어나는 경(亦名 淨諸業障 生諸佛前)이라고 하여라.

그리고 그대는 마땅히 잘 받아 지니고 잊지 않도록 해야 하느니라. 이 삼매를 수행하는 사람은 현재의 이 몸으로 무량수불과 두 보살을 친견할 수 있느니라(行此三昧者 現身 得見無量壽佛 及二大士).

만약 선남자 선여인이 부처님의 명호와 두 보살의 명호를 단지 듣기만 하여도 무량겁의 생사의 죄를 소멸하는데, 하물며 억념하는 것이야 말하여 무엇하겠느냐(但聞佛名 二菩薩名 除無量劫 生死之罪 何況憶念).

염불하는 사람은 잘 알아야 하느니라. 이 사람은 사람 가운데서도 백련화(分陀利華)52)와도 같으니라. 관세음보살과 대세지보살이 그의 좋은 친구가 될 것이며, 마땅히 도량에 앉아 모든 부처님의 집안인 극락세계에 태어날 것이니라(若念佛者 當知此人 是人中分陀利華 觀世音菩薩 大勢至菩薩 爲其勝友 當坐道場 生諸佛家).」라고 하셨다.

---

52) 분타리화(分陀利華): 흰 연꽃인 白蓮華를 말함. 연꽃 중에서도 최고라고 함.

부처님께서 아난에게 말씀하시기를,

「그대는 이러한 말을 잘 간직하여라. 이 말을 지닌다는 것은 곧 무량수불의 명호를 지니는 것이니라(汝好持是語 持是語者 卽是持無量壽佛名)」고 하셨다.

부처님께서 이와 같이 말씀하실 때, 목련존자와 아난과 위제희 등은 부처님의 말씀을 듣고 모두 크게 기뻐하였다.

제2절 기사굴에서 거듭 설함

이 때 부처님께서는 발로 허공을 걸으시어 기사굴산으로 돌아오셨다. 이 때 아난이 널리 대중들을 위하여 위와 같은 일을 설하니, 무량한 천인과 천룡과 야차 등이 부처님의 법문을 듣고 모두 크게 기뻐하여 부처님께 예배하고 물러갔다.

『阿彌陀經』

姚秦 三藏法師 鳩摩羅什　漢譯
海東沙門 無心普光　國譯

『佛說阿彌陀經』

제1장 서분(序分) ········· 258
제1절 경문의 증명(證信序) ········· 258
    1. 육성취(六成就) ········· 258
    2. 기원정사의 대중 ········· 259

제2장 정종분(正宗分) ········· 262
제1절 극락세계의 공덕장엄 ········· 262
    1. 총설 ········· 262
    2. 극락의 의보장엄(依報莊嚴) ········· 262
        1) 극락의 뜻 · 262
        2) 극락의 수승한 모습 · 263
    3. 극락의 정보장엄(正報莊嚴) ········· 268
        1) 극락세계의 교주 · 268
        2) 극락세계의 성중 · 269
제2절 염불왕생 ········· 270
제3절 제불의 증명과 믿음의 권유 ········· 271
    1. 석존의 권유 ········· 271
    2. 육방불의 증명 ········· 272
        1) 동방불의 증명 · 272 / 2) 남방불의 증명 · 272
        3) 서방불의 증명 · 273 / 4) 북방불의 증명 · 273
        5) 하방불의 증명 · 274 / 6) 상방불의 증명 · 274
제4절 현세와 내세의 이익 ········· 275

제5절 제불의 찬탄 ·· 276

제3장 유통분(流通分) ·· 278

제1장 서분(序分)

제1절 경문의 증명(證信序)

1. 육성취(六成就)

이와 같이 내가 들었다.

어느 때 부처님께서 사위국 기수급고독원(祇樹給孤獨園)[1]에 계시었다. 그 때 천 이 백 오십인이나 되는 큰 비구들과 함께 계시었는데, 그들은 모두 덕이 높은 큰 아라한으로 여러 사람들이 잘 아는 이들이었다.

---

[1] 기수급고독원(祇樹給孤獨園): 코살라국의 수도인 사위성에 있는 정사. 현재는 Gonda주의 Sahet Mahet로 알려져 있다. 기타태자가 숲을 보시하고, 급고독원장자가 정사를 지었다고 하여 붙여진 이름. 부처님께서 재세시에 25년간 머무셨으며, 이 때는 파사익왕과 유리왕이 다스리고 있었다.

2. 기원정사의 대중

즉 장로 사리불(舍利弗)2), 마하목건련(摩訶目犍連)3), 마하가섭(摩訶迦葉)4), 마하가전연(摩訶迦旃延)5), 마하구치라(摩訶俱絺羅)6), 리바다(離婆多)7), 주리반타가(周利槃陀伽)8), 난타(難陀)9),

---

2) 사리불(舍利弗): Śarīputra 舍利子라고도 함. 智慧第一. 라후라의 스승이며, 목련존자의 친구임.
3) 마하목건련(摩訶目犍連): Mahā-maudgaly=āyana 목련존자라고 함. 神通第一.
4) 마하가섭(摩訶迦葉): Mahākāśyapa 대가섭이라고 하며, 頭陀第一.
5) 마하가전연(摩訶迦旃延): Mahākātyāyana 부처님의 설법을 쉽게 해석함. 論議第一.
6) 마하구치라(摩訶俱絺羅): Mahākauṣṭhila 장과범지(長瓜梵志), 사리불의 백부이며, 『잡아함경』에서는 問答第一로 등장함.
7) 리바다(離婆多): Revata 사리불의 제자. 少欲知足의 대표자. 겨울에도 신을 신지 않아서 발이 동상에 걸려서 고생하다가 이를 아신 부처님께서 비구들도 가죽신을 신도록 허락함.
8) 주리반타가(周利槃陀伽): Śuddhipanthaka 愚鈍比丘로 알려져 있음. "입을 다물고 마음을 다스리며, 나쁜 짓을 하지 말라, 이와 같이 행하는 자는 세간을 건너리라(守口攝意莫犯 如是行者得度世)"라고 하는 가르침을 외워서 도를 얻었다고 함.
9) 난타(難陀): Nanda 손타라난타라고도 함, 마하파사파

아난타(阿難陀)10), 라후라(羅睺羅)11), 교범바제
(憍梵波提)12), 빈두로파라타(賓頭盧頗羅墮)13), 가
루다이(迦留陀夷)14), 마하겁빈나(摩訶劫賓那)15),
박구라(薄拘羅)16), 아누루타(阿㝹樓陀)17)와 같은
큰 제자들이었다.

이 밖에 보살 마하살과 문수사리법왕자(文殊舍利
法王子)18)를 비롯하여 아일다보살(阿逸多菩薩)19),

제의 아들, 부처님의 의복동생으로 부처님을 닮았다고
함.
10) 아난타(阿難陀): Ānada 阿難, 부처님의 사촌 동생으
로 多聞第一.
11) 라후라(羅睺羅): Rāhula 부처님의 아들, 9살 때 사리
불을 스승으로 하여 출가함. 密行第一.
12) 교범바제(憍梵波提): Gavāṁpati 牛相比丘라고도 함.
공양 후에 되새김질을 했다고 함. 부처님의 입멸시에
분신하였음.
13) 빈두로파라타(賓頭盧頗羅墮): Piṇḍola=āradvāja 16라
한의 우두머리 남인도 마리산에서 현존했다고 함.
14) 가루다이(迦留陀夷): Kālodāyin 黑身比丘, 비행이 제
일 많아서 계율을 제정하게 되었음.
15) 마하겁빈나(摩訶劫賓那): Mahākapphina 교살라국 사
람으로 천문학에 밝았음. 知星宿第一.
16) 박구라(薄拘羅): Vakkula 계모에 의해서 다섯 번의
죽을 고비를 넘김. 120세까지 장수하였음. 長壽第一.
17) 아누루타(阿㝹樓陀): 부처님의 사촌 동생. 天眼第一.
18) 문수사리법왕자(文殊舍利法王子):

건다하제보살(乾陀訶提菩薩)20), 상정진보살(常精進菩薩)21) 등 큰 보살과 석제환인(釋提桓因)22) 등 수 많은 천인들도 자리를 같이 했었다.

Mañjuśri-kumārabhūta 문수보살. 지혜의 보살.
19) 아일다보살(阿逸多菩薩): Maitreya-Bodhisattva 미륵보살
20) 건다하제보살(乾陀訶提菩薩):
Gandha-Hastin-Bodhisattva 반야바라밀의 香泉菩薩
21) 상정진보살(常精進菩薩): 『법화경』『대승심지관경』 등에 나옴.
22) 석제환인(釋提桓因): Śakra-devānām Indra 리그베다 성전에 나오는 인도의 신으로 帝釋天이라고 함.

제2장 정종분(正宗分)

제1절 극락세계의 공덕장엄

1. 총설

그 때 부처님께서 장로 사리불에게 말씀하시기를,

「여기에서 서쪽으로 10만억 불토를 지나서 극락이라고 하는 세계가 있느니라. 거기에는 아미타불이 계시어 지금도 법을 설하시느니라(從是西方 過十萬億佛土 有世界 名曰極樂 其土有佛號 阿彌陀 今現在說法).」

2. 극락의 의보장엄(依報莊嚴)

1) 극락의 뜻

「사리불이여, 그 세계를 어째서 극락이라고 하는가하면, 그 나라의 중생들은 아무런 괴로움도 없고, 다만 모든 즐거운 일만 받으므로 극락이라고 하느니라(其國衆生 無有衆苦 但受諸樂 故名極樂).

또한 사리불이여, 극락국토에는 일곱 겹으로 된 난간과 일곱 겹으로 된 나망(羅網)23)과 일곱 겹으로 된 가로수가 줄지어 있는데, 모두 네 가지 보배로 이루어져 온 나라에 두루 하기 때문에 극락이라고 하느니라.」

2) 극락의 수승한 모습

① 연못, 누각, 연꽃 장엄

「사리불이여, 극락국토에는 칠보(七寶)24)로 된 연못이 있는데, 그 가운데에는 여덟 가지 공덕을 갖춘 팔공덕수(八功德水)로 가득 하느니라. 연못

---

23) 나망(羅網): 주옥으로 꾸며져 있는 그물.
24) 칠보(七寶): 금, 은, 유리, 파려, 자거, 산호, 마노 등을 말하지만, 호박 등 다른 것이 포함되는 경우도 있음.

바닥에는 순전히 금모래가 깔려 있고, 연못 둘레에 있는 사방의 계단은 금, 은, 유리, 파려 등으로 되어 있느니라.

또 그 위에는 누각이 있는데, 금, 은, 유리, 파려, 자거, 적진주, 마노 등으로 장엄하게 꾸며져 있느니라.

연못 속에는 수레바퀴 만한 연꽃(蓮華)25)이 피어 있는데, 푸른 연꽃(靑蓮)26)에는 푸른 광채가

---

25) 연화, 연꽃(蓮華): 더러운 곳에 있으면서도 물들지 않는 뜻으로 처염상정(處染常淨)이라고도 한다. 청정무구(淸淨無垢)를 말하기도 하며, 불성, 법성을 상징하는 불교의 꽃으로 말한다. 꽃이 피는 시기에 따라서 이름도 다르며, 색깔에 따라서도 다르다.
굴마라(屈摩羅): Kumula 꽃봉우리 때, 분타리(芬陀利): Pundarika 꽃이 활짝 피었을 때, 가마라(迦摩羅): Kamala 꽃이 질 때를 말함.
연자(蓮子)는 연꽃의 열매로 염주를 만들기도 하며, 약용으로 사용됨.
『數珠功德經』(大正藏 17, 726, c)에 의하면 「若用蓮子 爲數珠者 誦掐一遍得福萬培」라고 하며, 『無量壽經』(大正藏 12, 271, b)에서도 天優盃羅華, 鉢曇摩華, 拘物頭華, 分陀利華를 설하고 있다. 일반적으로 연꽃은 鉢頭摩華(Padma, はす)라고 하며, 水蓮은 優盃羅華 (Utpala, ひつじぐさ) 라고도 한다.
26) 청련(靑蓮): 니로발라화(泥盧鉢羅華): Nilatpala 푸른

나며, 누런 연꽃(黃蓮)27)에는 누런 광채가 나며, 붉은 연꽃(紅蓮)28)에는 붉은 광채가 나고, 흰 연꽃(白蓮)29)에는 흰 광채가 나는데, 미묘하고 향기롭고 정결하느니라. 사리불이여, 극락국토에는 이와 같은 공덕장엄으로 이루어져 있느니라.」

② 대지, 음악, 꽃의 장엄
「사리불이여, 저 불국토에는 항상 천상의 음악이 연주되고, 대지는 황금으로 이루어졌으며, 밤낮 여섯 차례(晝夜六時)에 걸쳐서 만다라화(曼陀羅華) 꽃비가 내리느니라. 그 나라의 중생들은 항상 이른 아침마다 여러 가지 아름다운 꽃을 바구니에 담아 가지고, 다른 세계로 다니면서 10만억 부처님께 공양하고 조반 전에 돌아와서 식사를 마치고 산책하

　　연꽃으로 천수관세음보살이 가지고 있음.
27) 황련(黃蓮): 구물두화(拘物頭華) Kumuda 문수보살이 가지고 있음.
28) 홍련(紅蓮): 파두마화(波頭摩華) Padma 붉은 연꽃을 말함.
29) 백련(白蓮): 분타리화(分陀利華) Pundarika 극락세계의 상징의 꽃, 번뇌에 물들지 않는 청정무구의 불성, 법성을 뜻함.

느니라. 사리불이여, 극락세계는 이와 같은 공덕장
엄으로 이루어졌느니라.」

③ 대자연의 법문(靈鳥, 미풍, 나무의 장엄)
「그리고 사리불이여, 그 나라에는 항상 아름답고
기묘한 여러 가지 빛깔을 가진 새들이 있는데, 백
학, 공작, 앵무새, 사리새30), 가릉빈가(迦陵頻
伽)31), 공명조(共命鳥)32) 등이 밤낮을 가리지 않
고 항상 화평하고 맑은 소리로 노래하느니라. 이
소리는 오근(五根)33)과 오력(五力)34)과 칠보리분
(七菩提分)35)과 팔정도(八正道)36)를 설하느니라.

---

30) 사리새: 검은 두루미로 사람 소리를 흉내 냄.
31) 가릉빈가(迦陵頻伽): 공작새 종류로써 최상의 소리를
    냄.
32) 공명조(共命鳥): Jīvajīva 命命鳥, 生生鳥라고도 함.
    몸 하나에 머리는 세 개가 달려 있으며, 머리 하나가
    죽으면 같이 죽는다고 하여 붙여진 이름.
33) 오근(五根): 信根, 精進根, 念根, 定根, 慧根의 五無漏
    根을 말함. 이것은 번뇌를 누르고 깨달음의 도에 나
    아가는데, 분명한 작용이 있기 때문에 根이라고 함.
34) 오력(五力): 信力, 精進力, 念力, 定力, 慧力의 다섯
    가지의 힘. 이것은 악을 쳐부수는 힘이 있으므로 力
    이라고 함.
35) 칠보리분(七菩提分): 七覺支라고도 함. 깨달음에 들어

그 나라 중생들은 이 소리를 듣고 나서 모두 부처님을 생각하고(念佛), 가르침을 생각하며(念法), 스님들을 생각(念僧)하느니라.

사리불이여, 그대는 이 새들이 실제로 죄업의 과보로써 생긴 것이라고는 생각하지 말아라. 왜냐하면, 그 불국토에는 삼악도(三惡道)가 없기 때문이니라.

사리불이여, 그 불국토에는 삼악도라고 하는 이름조차도 없는데, 어찌 삼악도가 실지로 있겠느냐? 이와 같은 새들은 모두가 아미타불께서 법문을 널리 베풀고자하여 화현으로 이루어진 것이니라.

가는 7가지 지혜.
① 念覺支--마음을 오로지 하는 것. ② 擇法覺支--지혜에 의해 법의 진위를 밝히는 것. ③ 精進覺支--정법으로 정진 함. ④ 喜覺支--정법을 얻을 때 환희함. ⑤ 輕安覺支--몸과 마음이 경쾌하고 안온 함. ⑥ 定覺支--선정에 들어 마음이 산란하지 않음. ⑦ 捨覺支--마음이 한 곳에 치우치지 않고 평등 함.

36) 팔정도(八正道): 正見, 正思, 正語, 正業, 正命, 正精進, 正念, 正定 등을 말함.
이상은 37조도품인데, 이중에서 四念處, 四正勤, 四如意足 등 12조도품은 빠지고 五根, 五力, 七覺支, 八正道 등 25조도품만 설하고 있음.

사리불이여, 그 불국토에는 미풍이 불면, 모든 보석으로 장식된 가로수와 나망에서 미묘한 소리가 나는데, 그것은 마치 백 천가지 악기로 합주하는 듯 하느니라. 그 소리를 듣는 사람은 모두 부처님을 생각하고, 가르침을 생각하며, 스님들을 생각할 마음이 저절로 우러나느니라. 사리불이여, 극락세계는 이와 같은 공덕장엄으로 이루어졌느니라.」

3. 극락의 정보장엄(正報莊嚴)

1) 극락세계의 교주

「사리불이여, 그대는 저 부처님을 어째서 아미타불(阿彌陀佛)37)이라고 하는 줄 아는가?

사리불이여, 그 부처님의 광명이 한량없어 시방세계를 두루 비추어도 조금도 걸림이 없기 때문에 그 이름을 아마타불이라고 하느니라(彼佛光明無量 照十方國 無所障礙 是故 號爲阿彌陀佛).

---

37) 아미타불(阿彌陀佛): Amitābha 아미타브하 無量光, Amitāyus 아미타요스 無量壽라고 함.

또한 사리불이여, 그 부처님의 수명과 그 나라 인민들의 수명이 한량없고 끝이 없는 아승지겁이므로 그 이름을 아미타불이라고 하느니라(彼佛壽命 及其人民 無量無邊 阿僧祇劫 故名 阿彌陀佛).

사리불이여, 아미타불이 성불한지는 이미 10겁이 지났느니라(阿彌陀佛 成佛已來 於今十劫).」

2) 극락세계의 성중

「사리불이여, 그 부처님에게는 헤아릴 수 없이 많은 성문(聲聞)제자들이 있는데, 모두 아라한(阿羅漢)들이니라. 그들의 숫자는 어떠한 산수로도 능히 알지 못하며, 보살 대중의 수도 또한 그러하느니라. 사리불이여, 극락세계는 이와 같은 공덕장엄으로 이루어졌느니라.

또한 사리불이여, 극락세계에 태어나는 중생들은 모두 불퇴전의 아비발치(阿鞞跋致)38)를 성취하였으며, 그 가운데는 많은 사람들이 일생보처(一生補

---

38) 아비발치(阿鞞跋致): avinivartanīya 보살의 지위에서 다시 물러나지 않으며, 반드시 성불할 것이 결정되어 의심할 여지가 업는 경지.

處)에 이르렀는데, 그 수효가 매우 많아 능히 산수로도 알 수 없으며, 다만 무량무변 아승지로 표현할 수밖에 없느니라.」

제2절 염불왕생(念佛往生)

「사리불이여, 이 말을 들은 중생들은 마땅히 서원을 세워 저 나라에 가서 나기를 발원해야 할 것이니라. 왜냐하면, 거기 가면 그와 같이 으뜸가는 사람들과 한데 모여 살 수 있기 때문이니라.
　사리불이여, 조그마한 선근이나 복덕의 인연으로는 저 세계에 가서 날 수 없느니라(不可以少善根福德因緣 得生彼國).
　사리불이여, 만약 선남자 선여인이 아미타불에 대한 설법을 듣고, 그 명호를 굳게 지니어 하루나 이틀 혹은 사흘, 나흘, 닷새, 엿새, 이레 동안 한결같은 마음으로 흐트러지지 아니하면, 그 사람이 임종할 때에 아미타불이 여러 성중(聖衆)들과 함께 그 사람 앞에 나타날 것이니라(善男子 善女人 聞說 阿彌陀佛 執持名號 若一日 若二日 若三日 若四日 若五日 若六日 若七日 一心不亂 其人臨命終時 阿彌陀佛 與諸聖衆 現在其前).

그 사람이 목숨을 마칠 때에 마음이 뒤바뀌지 않고 바로 아미타불의 극락국토에 왕생하게 될 것이니라(是人終時心不顚倒卽得往生阿彌陀佛極樂國土).」

제3절 제불의 증명과 믿음의 권유

1. 석존의 권유

「사리불이여, 나는 이와 같은 이익을 알기 때문에 이러한 말을 하는 것이니, 만약 어떤 중생이든지 이 말을 들으면, 마땅히 저 국토에 가서 나기를 발원해야 하느니라(我見是利 故說此言 若有衆生 聞是說者 應當發願 生彼國土).」

2. 육방불의 증명

1) 동방불의 증명

「사리불이여, 내가 지금 아미타불의 불가사의한 공덕을 찬탄한 것처럼, 동방에도 아촉비불, 수미상불, 대수미불, 수미광불, 묘음불이 계시느니라. 이러한 수 없는 부처님들이 각기 그 세계에서 광장설상(廣長舌相)으로 두루 삼천대천세계에 미치도록 법을 설하시느니라. "너희 중생들은 마땅히 불가사의한 공덕을 칭찬하시고, 모든 부처님이 호념하시는 이 경을 믿어라(汝等衆生 當信是稱讚 不可思議 功德 一切諸佛 所護念經)"고 하시느니라.」

2) 남방불의 증명

「사리불이여, 남방세계에 있는 일월등불, 명문광불, 대염견불, 수미등불, 무량정진불이 계시느니라. 이러한 수 없는 부처님들이 각기 그 세계에서 광장설상(廣長舌相)으로 두루 삼천대천세계에 미치도록 법을 설하시느니라. "너희 중생들은 마땅히 불가사의한 공덕을 칭찬하시고, 모든 부처님이 호념하시는 이 경을 믿어라"고 하시느니라.」

3) 서방불의 증명
「사리불이여, 서방세계에 있는 무량수불, 무량상불, 무량당불, 대광불, 대명불, 실상불, 정광불이 계시느니라. 이러한 수 없는 부처님들이 각기 그 세계에서 광장설상(廣長舌相)으로 두루 삼천대천세계에 미치도록 법을 설하시느니라. "너희 중생들은 마땅히 불가사의한 공덕을 칭찬하시고, 모든 부처님이 호념하시는 이 경을 믿어라"고 하시느니라.」

4) 북방불의 증명
「사리불이여, 북방세계에 있는 염견불, 최승음불, 난저불, 일생불, 망명불이 계시느니라. 이러한 수 없는 부처님들이 각기 그 세계에서 광장설상(廣長舌相)으로 두루 삼천대천세계에 미치도록 법을 설하시느니라. "너희 중생들은 마땅히 불가사의한 공덕을 칭찬하시고, 모든 부처님이 호념하시는 이 경을 믿어라"고 하시느니라.」

5) 하방불의 증명

「사리불이여, 하방세계에 있는 사자불, 명문불, 달마불, 법당불, 지법불이 계시느니라. 이러한 수 없는 부처님들이 각기 그 세계에서 광장설상(廣長舌相)으로 두루 삼천대천세계에 미치도록 법을 설하시느니라. "너희 중생들은 마땅히 불가사의한 공덕을 칭찬하시고, 모든 부처님이 호념하시는 이 경을 믿어라"고 하시느니라.」

6) 상방불의 증명

「사리불이여, 상방세계에 있는 범음불, 숙왕불, 향상불, 향광불, 대염견불, 잡색보화엄신불, 사라수왕불, 보화덕불, 견일체의불, 여수미산불이 계시느니라. 이러한 수 없는 부처님들이 각기 그 세계에서 광장설상(廣長舌相)으로 두루 삼천대천세계에 미치도록 법을 설하시느니라. "너희 중생들은 마땅히 불가사의한 공덕을 칭찬하시고, 모든 부처님이 호념하시는 이 경을 믿어라"고 하시느니라.」

제4절 현세와 내세의 이익

「사리불이여, 어찌하여 이 경을 "모든 부처님께서 호념(護念)39)하시는 경"이라고 하는 줄 아는가?

사리불이여, 만약 선남자 선여인이 이 경을 듣고 받아 지니거나 혹은 제불의 명호를 들은 이와 같은 사람들은 모든 부처님께서 호념하시어 모두가 아뇩다라삼먁삼보리에서 물러나지 않을 것이니라. 그러므로 사리불이여, 그대들은 마땅히 모두 내 말과 여러 부처님의 말씀을 믿어야 하느니라(汝等皆當信受我語及諸佛所說).

사리불이여, 만약 어떤 사람이 아미타불의 세계에 가서 나기를, 이미 발원하였거나 지금 발원하거나 혹은 장차 발원하는 모든 사람들은 아뇩다라삼

---

39) 호념(護念): 항상 염두에 두고 보호하는 것.

먁삼보리에서 물러나지 않는 지위를 얻을 것이며, 그 국토에 이미 났거나 지금 나거나 혹은 장차 날 것이니라.

그러므로 사리불이여, 모든 선남자 선여인들로서 믿음이 있는 사람은 마땅히 저 국토에 태어나기를 발원해야 하느니라(諸善男子善女人若有信者應當發願生彼國土).」

제5절 제불의 찬탄

「사리불이여, 내가 지금 여러 부처님들의 불가사의한 공덕을 칭찬하듯이 저 부처님들도 또한 나의 불가사의한 공덕을 칭찬하시기를, "석가모니 부처님께서 참으로 어렵고 희유한 일을 능히 하셨도다. 시대가 흐리고(劫濁), 견해가 흐리고(見濁), 번뇌가 흐리고(煩惱濁), 중생이 흐리고(衆生濁), 수명이 흐린(命濁) 사바세계의 오탁악세(五濁惡世)에서 능히 아뇩다라삼먁삼보리를 얻고, 모든 중생들을 위해, 일체 세간 사람들이 믿기 어려운 법을 설하셨다(爲諸衆生 說是一切世間 難信之法)"고 하시느니라.

사리불이여, 마땅히 알아야 하느니라. 내가 이 오탁악세에서 갖은 고행 끝에 아뇩다라삼먁삼보리를 얻고, 일체 세간 사람들을 위해 이와 같이 믿기 어려운 법을 설하는 것은 매우 어려운 일이니라(舍利弗 當知 我於五濁惡世 行此難事 得阿耨多羅三藐三菩提 爲一切世間 說此難信之法 是爲甚難).」

제3장 유통분(流通分)

부처님께서 이 경을 설하여 마치시니, 사리불을 비롯한 모든 비구들과 일체 세간의 천인들과 사람들과 아수라 등이 부처님의 말씀을 듣고, 기쁜 마음으로 믿고 받아 지니면서 예배하고 물러갔다(聞佛所說 歡喜信受 作禮而去).

臨終行儀

臨終念佛

한보광 편찬

臨終念佛法 (1)

1. 준비사항

臨終行儀에 대해서는 당나라의 道宣스님이 저술한 『四分律行事鈔』(大正藏 40, 144, 上)에 의하면 사원의 서북쪽 해가 지는 방향으로 無常堂을 건립하여 환자를 모셔야 한다고 하였다. 여기서는 평소에 사용하던 물건들은 멀리하여 애착을 끊게 하여야 한다. 그런데 그 건물 안에는 개금을 한 불상을 서쪽으로 향하도록 안치하는데 오른손은 들고 왼손은 중간에 내려 있으면서 오색실로 된 幡을 잡게 한다. 이 번은 땅에 끌리게 하고 환자는 불상 뒤에 눕게 한 후 왼손으로 이 번을 잡게 하여 극락세계에 태어나도록 발원케 한다. 주위에는 향과 꽃으로 장식하고 항상 환자를 돌보아야 한다고 하였다.

따라서 임종염불시에는 來迎佛이나 來迎圖를 모셔두거나 혹은 모시고 다니면서 임종환자에게 염불을 한다. 불상이나 내영도는 동쪽으로 향하게 하고 환자는 서쪽을 향하여 눕게 한다. 그리고 불상의 손에 오색실의 한쪽 끝을 걸쳐두고 다른 한쪽 끝은 환자의 손에 잡게 한다. 그러한 후에 향을 피우고 염불을 시작한다. 특히 우리나라에서는 아미타불과 관음 세지를 모신 佛龕이 무난할 것으로 생각된다. 그러나 상황이 여의치 못할 때에는 향만 피워도 되며, 중환자실 등에서 향조차 올릴 형편이 못될 때에는 그대로 염불하여도 된다. 그러므로 상황에 따라서 맞추어 할 수 있다. 불상을 서쪽으로 향하게 하면 往生佛이 되므로 환자는 불상의 뒷편에 모셔야 하며, 불상이 동쪽으로 향해 있으면 來迎佛이 되므로 환자는 불상이나 불화 앞에 모셔야 한다.

임종염불이라고 하여 반드시 임종 직전만을 뜻하지 않으며 환자가 임종을 인식하고 삶을 정리할 수 있도록 할 때부터라고 볼 수 있다. 따라서 불치병의 말기환자에게는 가능한 빨리 알리어서 임종을 수용하게 하고 주위를 정리하도록 할 필요가 있다. 그리고 부처님께 귀의하여 편안한 마음으로 임종염불을 하면서 임종을 맞이할 수 있도록 도와주어야 한다. 이러한 경우는 이미 임종을 했더라도 동일하다. 이미 임종을 한 후에는 입관하여 염할 때까지를 임종으로 볼 수 있으며, 이전에는 임종염불을 하여야 한다.

2. 삼귀의례

귀의불양족존
귀의법이욕존
귀의승중중존
나무 서방정토 극락세계 아미타불
나무 대자대비 관세음보살 마하살
나무 대희대사 대세지보살 마하살

3. 반야심경봉독

마하반야바라밀다심경
관자재보살 행심반야바라밀다 시조견 오온개공 도일체 고액 사리자 색불이공 공불이색 색즉시공 공즉시색 수상행식 역부 여시 사리자 시제법공상 불생불멸 불구부정 부증불감 시고 공중무색 무수상행식 무안이비설신의 무색성향미촉법 무안계내지 무의식계 무무명 역무무명진 내지 무노사 역무노사진 무고집멸도 무지역무득 이무소득고 보리살타 의반야바라밀다 고심무가애무가애 고무유공포 원리전도 몽상구경열반 삼세제불 의반야바라밀다 고득아뇩다라삼먁삼보리 고지 반야바라밀다 시대신주 시대명주 시무상주 시무등등주 능제일체고 진실불허 고설반야바라밀다주 즉설주왈 아제아제 바라아제 바라승 아제 모지 사바하

4. 수계

거사바세계 차사천하 남섬부주 동양 대한민국 OO시 OOO도량 금일 지극지 정성 수계 발원제자 OOO 불자는 (임종후 수계인 경우는 행효자 OOO복위 선망엄부OO후인 OOO영가)

삼보님전에서 생전의 업장을 참회하고
새로운 불제자가 되기 위하여
삼귀의계와 오계를 받고져 하오니

이를 허락하고 증명하여 주옵소서.
다생토록 삼보를 비방하고 불법을 멀리했던 죄악을 참회하옵니다.
신구의 삼업으로 지은 모든 죄를 일심으로 참회하옵니다.
몸으로 저지른 살생, 투도, 사음을 참회하옵니다.
입으로 저지른 망어, 기어, 악구, 양설을 참회하옵니다.
뜻으로 저지른 탐애, 진애, 우치를 참회하옵니다.
평생토록 나만을 생각하고 남에게 베풀지 않았음을 진실로 참회하옵니다.
교만한 마음으로 부모와 가족이나 친구와 아는 이에게 저지른 잘못을 참회하옵니다.
나의 표독한 말이 칼이 되어 가슴에 꽂혀있고,
나의 잘못된 행이 짐이 되어 온몸을 누르며,
나의 어리석은 뜻으로 마음의 괴로움을 당한 모든 이에게 진실로 참회하옵니다.
인생살이 영원할 줄 알았으나 금생도 다하였으니
일생토록 저질은 모든 잘못 일심으로 참회하옵니다.
제불보살님이시여
OOO불자의 진실된 이 참회 거둬주셔서
다음생에는 새로운 몸을 받아

불보살님 항상 모시고 깨달음 얻게하여 주옵소서.

참회진언

옴 살바못자 모지 사다야 사바하(3번)

연비
(만약 가능하면 향으로 연비해 준다. 그러나 불가능한 환경이면 생략할 수도 있다)

삼귀의계

큰배 의지하여 물을 건너고
등불 의지하여 길을 밝히듯
삼계 고통바다 건너는데
삼보 자비광명 으뜸일세
천상천하 존귀하신 부처님께 귀의하오리
한량없는 대지혜의 가르침에 귀의하오리
청정하신 화합승중 스님들께 귀의하오리
거룩하신 부처님께 귀의합니다.
거룩하신 가르침에 귀의합니다.

거룩하신 스님들께 귀의합니다.
붓담 사라남 가차미
담맘 사라남 가차미
상감 사라남 가차미
이 법사가 부처님의 위신력 빌어
○○○불자에게 삼귀의 설하노니
영원토록 불자됨을 잊지 마소서

오 계

○○○불자는 이미 삼귀의계를 수지하여
진실된 불제자가 되었사오니
이제는 오계를 받아
사바의 모든 번뇌를 끊어버리고
열반의 저 언덕에 오르소서.
부처님의 계는 중생이 의지할 바이며
극락세계 왕생함에 지름길이며
중생으로 하여금 부처가 되도록 하나니
○○○불자는
즐거운 마음으로 오계를 수지하소서.
오계의 첫째는 불살생이니

생명을 존중하여 죽이지 말고
자비를 베풀지어다.
오계의 둘째는 불투도이니
남의 물건 훔치지 말고
보시를 행할지어다.
오계의 셋째는 불사음이니
외도를 행하지 말고
청정행 지킬지어다.
오계의 넷째는 불망어이니
타인을 속이지 말고
진실을 말할지어다.
오계의 다섯째는 불음주이니
술을 먹지 말고
지혜로운 사람이 될지어다.

(평소에 받은 불명이 있으면 다른 불명을 줄 필요가 없으며, 불명이 없는 사람이면 주는 것이 좋다. 그러나 상황이 불가능하면 생략할 수도 있다.)

무상계

(임종을 맞이한 이후에는 무상계를 설해줌)
신원적 ○○○영가시여
이 법사가 영가와 인연이 깊어
무상계의 묘법을 설해 주리니
일심으로 받아지녀 인생이 무상한 도리를 깨달아
사바세계의 모든 집착과 번뇌와 괴로움에서 벗어나소서.

대저 무상계는 열반으로 들어가는 요긴한 문이며
고해를 벗어나는 자비의 배로다.
일체제불도 이계를 의지하여 고통바다 건너느니라.
○○○영가시여
이제로부터 몸과 마음 놓아버리니
신령한 알음알이가 뚜렷이 드러나서
부처님의 위없이 청정한 계를 받으니
어찌 다행한 일이라 하지 않으리요.
○○○영가시여
겁이 다하면 삼천대천세계도 모두 불타오르고
수미산과 바다조차도 다 없어지는 법인데

어떻게 이 작은 육신이 생노병사와 우비고뇌를 벗어날 수 있겠는가?
○○○영가시여
그대의 몸을 이루고 있는
머리털과 손톱과 치아와 피부와 뼈와 근육등은
모두 흙으로 돌아가고
피와 침과 눈물과 정액과 대소변등은
모두 물로 돌아가고
그대의 몸을 따뜻히 해주던 체온은
모두 불로 돌아가고
그대를 움직이게 하던 기운은
모두 바람으로 돌아가서
지수화풍 사대가 흩어진 지금에
영가의 육신은 어디에 있다고 할 것인가?
○○○영가시여
사대로 이루어진 이 육신은 허망하나니
너무나 애석해 할 바가 못되느니라.
그대는 끝없는 옛적부터 오늘날까지
무명으로 인하여 행이 이루어지고
행으로 인하여 식이 이루어지며,
식으로 인하여 명색이 이루어지고

명색으로　인하여　육입이　이루어지며,
육입으로　인하여　촉이　　이루어지고
촉으로　　인하여　수가　　이루어지며,
수로　　　인하여　애가　　이루어지고
애로　　　인하여　취가　　이루어지며,
취로　　　인하여　유가　　이루어지고
유로　　　인하여　생이　　이루어지며,
생으로　　인하여　늙고　　병들어 죽으며
근심과 슬픔과 괴로움이 이루어지느니라.
〇〇〇영가시여

무명이　　멸하면　행이　　없어지고
행이　　　멸하면　식이　　없어지며,
식이　　　멸하면　명색이　없어지고
명색이　　멸하면　육입이　없어지며,
육입이　　멸하면　촉이　　없어지고
촉이　　　멸하면　수가　　없어지며,
수가　　　멸하면　애가　　없어지고
애가　　　멸하면　취가　　없어지며,
취가　　　멸하면　유가　　없어지고
유가　　　멸하면　생이　　없어지며,
생이　　　멸하면　늙음이나 죽음이나

근심과 슬픔과 괴로움이 없어지느니라.
모든 법은 본래로부터
스스로 적멸한 모습을 지녔으니
불자가 이 도리를 행하면
미래세에 불도를 이루리라.
이 세상 모든 것은 무상하여
태어나고 없어지는 법이니
생하고 멸함이 다하면
열반의 즐거움을 얻으리라.
위없는 부처님께 귀의하오며
위없는 가르침에 귀의하오며
거룩한 스님들께 귀의하오며
나무과거보승여래
응공 정변지 명행족 선서 세간해
무상사 조어장부 천인사 불세존께
귀의하소서.
○○○영가시여
그대는 오음으로 되어 있는
육신의 굳은 껍질을 벗어버리고
맑고 신령한 심식의 영혼이 홀로 들어나
부처님으로부터 위없이 청정한 무상계를

받게 되었으니
이 어찌 기쁘고 기쁘지 아니하리요.
이제부터 천당이나 극락정토를
마음대로 왕생하게 되었으니
참으로 통쾌하고 통쾌한 일이로다.

서쪽에서 조사 온 뜻 분명도 해라
마음을 맑게 하니 자성이 고향일세
오묘한 본체 해맑아 머무는 바 없으니
산하대지 온누리에 참모습 나투시네.

5. 설법

○○○불자시여

그대가 이 세상에 온 것은 다겁생래의 업장과 부모의 인연으로 인하여 생을 받았습니다. 어릴 적에는 부모님의 보살핌으로 자랐으며, 청년이 되어서는 스승과 이웃과 사회의 은혜를 입고 성장하였습니다. 그대는 한 가정을 이루어 다시 부모가 되어 자식을 기르고 가정을 위하여 열심히 살았으나 이제는 누구도 거역할 수 없는 길을 가게 되었으니 너무나 슬퍼하지 말고 정신을 가다듬어야 할 때입니다.

평생을 살아오면서 나와 남을 위해 보람된 일도 많았으며, 때로는 욕심 많고 어리석어 후회스러운 일도 많으리라 생각되지만, 그래도 선근공덕이 있어서 정법을 만나 이제 불법과 인연을 맺게 되었으니 어찌 다행한 일이 아니겠습니까?

○○○불자시여

이 사바세계는 모든 것이 한정되어 있으며, 태어난 자는 누구나 반드시 가야 하나니 너무 슬퍼만 하지 말고 더욱더 아름답고 훌륭한 부처님의 국토로 가도록 큰 발원을 세우소서. 부처님의 국토에는 물질적으로는 풍족하여 그대의 뜻대로 모두가 이루어지고, 정신적으로는 항상 부처님의 설법을 들을 수 있으며, 마침내는 성불의 인연을 맺게 될 것입니다.

무량수경에 의하면, 법장보살의 48원에 의해 이룩된 극락국에는 설사 생전에 많은 잘못을 저질렀고 선한 일을 조금도 행하지 아니하였다고 할지라도 임종시에 선지식을 만나 지극한 마음으로 열번만 나무아미타불을 부르게 되면 극락국에 왕생할 수 있다고 하나니 그대는 안심해도 좋을 것입니다. 이생의 모든 미련은 훌훌 떨쳐버리고 아미타부처님과 극락의 성중들을 따라서 서방정토로 왕생하옵소서. 그대의 업으로 보아서는 육도윤회를 면하기 어려우나 법장보살의 수행력과 대비원력으로 이루어진 극락국토에는 아미타불의 본원력에 의해 왕생할 수 있나니 아무런 염려마옵시고 일심으로 극락왕생을 발원하소서.

○○○불자시여

그대는 이제부터 극락국의 대중이 될 수 있으니 참으로 보람된 삶을 사셨으며, 편안한 마음으로 사바세계를 하직할 수 있게 되었습니다. 그러므로 남아 있는 유족들도 안심하고 그대를 봉송하노니 한량없는 지혜광명과 무량한 자비광명의 법신을 성취하시어 다시 사바세계에 몸을 나투시어 모든 중생을 제도하여 주옵소서. 극락국의 거리가 비록 멀다고는 하지만 여러 성중들과 함께 가시면 찰라간에 갈 수 있으니 모든 미련을 떨쳐버리고 편안한 마음으로 왕생하옵기를 간절히 이 법사는 발원하옵니다.

6. 임종염불

나무 내영접인　　임종행자 십이광여래불
나무무량광여래불　나무무변광여래불
나무무애광여래불　나무무대광여래불
나무염왕광여래불　나무청정광여래불

나무환희광여래불   나무지혜광여래불
나무부단광여래불   나무난사광여래불
나무무칭광여래불   나무초일월광여래불

나무 내영접인   임종행자 이십오보살
나무관세음보살   나무대세지보살
나무약왕보살   나무약상보살
나무보현보살   나무법자재보살
나무사자후보살   나무다라니보살
나무허공장보살   나무덕장보살
나무보장보살   나무금광장보살
나무금강장보살   나무광명왕보살
나무산해혜보살   나무화엄왕보살
나무중보왕보살   나무월광왕보살
나무일조왕보살   나무삼매왕보살
나무정자재왕보살   나무대자재왕보살
나무백상왕보살   나무대위덕왕보살
나무무변신왕보살

나무 서방 정토 극락 세계 사십 팔대원
나무아미타불 -----

(염불은 상황에 따라서 할 수 있으나 최소 십념은 하여야 한다. 시간이 허락되면 108번, 1080번도 좋으나 환자에게 무리하지 않는 범위내에서 해야 한다. 가능하면 환자와 함께 하는 것이 좋지만, 환자가 못할 때에는 염불소리를 잘 듣도록 해야 한다.)

아미타불 본심미묘진언
다냐타 옴 아리 다라 사바하(3번)

계수서방안락찰 (서방정토 안락국에 계시면서)
접인중생대도사 (중생을 맞이해 주시는 대도사님께 머리숙여)
아금발원원왕생 (내 이제 왕생하길 간절히 발원하옵나니)
유원자비애섭수 (원컨대 대자대비 베푸시어 거두어 주옵소서)
고아일심귀명정례

7. 왕생발원문

극락세계 발원문

　극락세계에 계시어 중생을 이끌어 주시는 아미타부처님께 귀의하옵고

　그 세계에 가서 나기를 염불행자 ○○○는 발원하옵나니 자비하신 원력으로 굽어 살펴주시옵소서.

　저희들이 네 가지 은혜 끼친 이와 삼계중생들을 위하여 부처님의 위없는 도를 이룩하려는 정성으로 아미타불의 거룩하신 명호를 수지하여 극락세계에 가서나기를 원하나이다.

　업장은 두텁고 복과 지혜 부족하여 더러운 마음 물들기 쉽고 깨끗한 공덕 이루기 어렵기에 이제 부처님 앞에서 지극한 정성으로 예배하고 참회하나이다.

저희들이 끝없는 옛적부터 오늘에 이르도록 몸과 입과 마음으로 한량없이 지은 죄와 맺은 원수, 모두 녹여버리옵고 이제부터 서원 세워 나쁜짓 멀리하여 다시 짓지 아니하고 보살도 항상 닦아 정각을 이루어서 중생을 제도하려 하옵나니

아미타부처님이시여!

대자대비하신 원력으로 저를 증명하시며, 저를 어여삐 여기시며, 저를 가피하시어 삼매나 꿈속에서나 아미타불의 거룩하신 상호를 뵈옵고, 아미타불의 장엄하신 국토에 다니면서, 아미타불의 감로로 저에게 뿌려 주시고, 아미타불의 광명으로 저를 비춰주시고, 아미타불의 손으로 저를 만져주시고, 아미타불의 옷으로 저의 허물을 덮어주시어 업장은 소멸되고 선근은 자라나고 번뇌는 없어지고 무명은 사라져서 원각의 묘한 마음 뚜렷하게 열리옵고 상적광토가 항상 나타나지이다.

또 이 목숨 마치올 제 갈 시간 미리 알아 여러 가지 병고액난 이 몸에 없어지고 탐진치 온갖 번뇌 마음에 씻은 듯이 육근이 화락하고 한 생각 분명하여 이 몸을 버리옵기 전에 들 듯 하옵거든 그때에 아미타부처님께서 12광불과 관음 세지를 비롯한 25보살을 데리시고 광명 놓아 저를 맞으시며 아미타불의 손을 들어 저를 인도하여 주옵소서.

그때에 높고 넓은 누각들과 아름다운 깃발들과 맑은 향기 고운 풍류 거룩하온 극락세계 눈앞에 분명커든 보는 이, 듣는 이들 기쁘고 감격하여 위없이 깨친 마음 다 같이 발하올제 이 내몸 고이고이 연화좌에 올라앉아 부처님

뒤를 따라 극락정토로 왕생케 하옵소서.

칠보로 된 연못 속에 상품상생 하온 뒤에 불보살 뵈옵거든 미묘한 법문 듣고 무생법인 깨치오며, 부처님 섬기옵고 수기를 친히 받아 온갖 공덕을 원만하게 이루어지이다.

그러한 후 극락세계를 떠나지 아니하고 사바세계에 다시 돌아와 한량없는 분신으로 시방국토 다니면서 여러 가지 신통력과 여러 가지 방편으로 무량중생 제도하여 탐진치를 여의옵고, 깨끗한 마음으로 극락세계 함께 가서 물러나지 않는 자리에 오르게 하려 하오니 세계가 끝이 없고, 중생이 끝이 없고, 번뇌업장이 모두 끝이 없아올새 염불행자 ○○○의 서원도 끝이 없나이다. 저희들의 지금 예배하고 발원하여 닦아 지닌 공덕을 온갖 중생에게 베풀어 주어 삼계 유정들도 모두 제도하여 다 같이 일체 종지를 이루어지이다.

나무아미타불 나무아미타불 나무극락도사아미타불

8. 사홍서원

중생무변서원도 (중생을 다 건지오리다.)
번뇌무진서원단 (번뇌를 다 끊으오리다.)

법문무량서원학 (법문을 다 배우오리다.)
불도무상서원성 (불도를 다 이루오리다.)

臨終念佛 (2)

　　교리적인 근거로는 『無量壽經』의 제18원인 十念往生願과 제19원인 臨終現前願과 제20원인 普皆廻向願 및 『觀無量壽經』 下品下生의 具足十念에 두고 있다. 즉 임종시에 십념만 하면 왕생할 수 있다고 하는 정토교학의 가르침에 의함.

　　특히 오늘날과 같이 불치병에 시달리면서 죽음만을 기다리는 환자들과 그 가족들에게 육체적인 고통과 정신적으로 죽음에 대한 두려움을 없애주기 위하여 반드시 필요한 의례이다. 다른 종교에서는 호스피스운동이나 죽음에 친구가 되어주는 사회적인 운동이 전개되고 있으므로 평생을 불자로 신행생활을 하다가 죽음에 임박하여 개종하는 경우가 비일비재하다. 이러한 점을 하루 빨리 보완할 수 있는 임종염불법을 개발하여야 할 것이다.

　　본래 임종염불법은 죽음에 임박한 환자 앞에 아미타불 불화나 불상을 동쪽을 향하게 모셔 두고 환자는 머리를 북쪽으로 눕히고 얼굴은 서쪽으로 향하게 하며, 오색실을 아미타불상의 손에 걸고 그 끝을 환자가 잡게 한 후 염불을 하였다고 한다. 그러나 오늘날은 이러한 의례는 모두 살아지고 말았으므로 이를 다시 재현할 필요성이 있다.

1. 먼저 환자를 방문하고 위로 한 후 향을 피운다.
2. 삼귀의례
3. 반야심경 독경
4. 수계 - 삼귀의계와 오계를 간략하고 참회진언과 연비를 하며, 불명을 준다.
5. 설법 - 생사윤회나 인과설 및 극락세계에 대한 설법을 하며, 아미타불을 부르면 반드시 왕생할 수 있음을 인식시킨다. 한글본『阿彌陀經』을 읽어주어도 좋다.
6. 염불 - 시간이 허락하는 범위 내에서 하지만 환자에게 무리하게는 하지 말 것
7. 왕생발원 - 연지대사의 極樂世界發願文을 환자의 이름을 넣어서 읽어준다.
8. 사홍서원 - 다함께 사홍서원을 함

만약 환자가 자신의 병이 불치의 병인지 인식하지 못하고 있으면 자극을 주지 않도록 조심하여 설법해야 하며 상황에 따라 변화시킬 수 있다. 그러나 불자든 비불자이든간에 반드시 수계와 참회는 할 필요가 있다.

가족들과 간병인은 환자를 위하여 가능하면 계속 염불해 주어야 하며 특히 임종직전의 염불이 대단히 중요하다. 임종직전에 환자가 직접하든지 아니면 주위 사람들이 염불을 해주면 마음이 산란해지지 않고 반드시 왕생한다고 하며, 이때 아마타불이 권속들과 함께 來迎한다고 한다.

이미 사망하여 임종시에 참여하지 못했다고 하더라도 입관하기 전까지나 출상전에는 임종염불과 같이 볼 수 있으므로 이와 같은 절차는 필요하다. 이때는 무상계를 설하면 모두 포함되어있으므로 수계를 할 필요는 없다.

환자의 임종이 시급한데 스님을 모시기 어려우면 5계나 보살계를 받은 재가자도 임종염불과 수계를 할 수 있으며, 그것도 불가능할 때에는 수계 이외는 다른 일반인도 집전할 수 있다. 그러나 가능하면 환자의 상태가 심상치 않으면 스님을 모셔다가 임종염불과 수계를 여법하게 해주는 것이 가장 바람직하다.

臨終行儀에 대해서는 당나라의 道宣스님이 저술한 『四分律行事鈔』(大正藏 40, 144, 上)에 의하면 사원의 서북쪽 해가 지는 방향으로 無常堂을 건립하여 환자를 모셔야 한다고 하였다. 여기서는 평소에 사용하던 물건들은 멀리하여 애착을 끊게 하여야 한다. 그런데 그 건물 안에는 개금을 한 불상을 서쪽으로 향하도록 안치하는데 오른손은 들고 왼손은 중간에 내려 있으면서 오색실로 된 幡을 잡게 한다. 이 번은 땅에 끌리게 하고 환자는 불상 뒤에 눕게 한 후 왼손으로 이 번을 잡게 하여 극락세계에 태어나도록 발원케 한다. 주위에는 향과 꽃으로 장식하고 항상 환자를 돌보아야 한다고 하였다.

따라서 임종염불시에는 來迎佛이나 來迎圖를 모셔두거나 혹은 모시고 다니면서 임종환자에게 염불을 한다. 불상이나 내영도는 동쪽으로 향하게 하고 환자는 서쪽을 향하여 눕게 한다. 그리고 불상의 손에 오색실의 한쪽 끝을 걸쳐두고 다른 한쪽 끝은 환자의 손에 집게 한다. 그러한 후에 향을 피우고 염불을 시작한다. 특히 우리나라에서는 아미타불과 관음 세지를 모신 佛龕이 무난할 것으로 생각된다. 그러나 상황이 여의치 못할 때에는 향만 피워도 되며, 중환자실 등에서 향조차 올릴 형편이 못될 때에는 그대로 염불하여도 된다. 그러므로 상황에 따라서 맞추어 할 수 있다. 불상을 서쪽으로 향하게 하면 往生佛이 되므로 환자는 불상의 뒷편에 모셔야 하며, 불상이 동쪽으로 향해 있으면 來迎佛이 되므로 환자는 불상이나 불화 앞에 모셔야 한다.

　임종염불이라고 하여 반드시 임종 직전만을 뜻하지 않으며 환자가 임종을 인식하고 삶을 정리할 수 있도록 할 때부터라고 볼 수 있다. 따라서 불치병의 말기환자에게는 가능한 빨리 알리어서 임종을 수용하게 하고 주위를 정리하도록 할 필요가 있다. 그리고 부처님께 귀의하여 편안한 마음으로 임종염불을 하면서 임종을 맞이할 수 있도록 도와주어야 한다. 이러한 경우는 이미 임종을 했더라도 동일하다. 이미 임종을 한 후에는 입관하여 염할 때까지를 임종으로 볼 수 있으며, 이전에는 임종염불을 하여야 한다.

臨終行儀

莊嚴念佛

한보광 편찬

莊嚴念佛 (1)

(장엄염불을 하기 전에 정토삼부경 가운데 시간이 허락하면, 『무량수경』, 『관무량수경』, 『아미타경』 전부나 혹은 한 경전을 독송한다. 만약 시간이 부족하면 부분적으로 독송하여도 무방하다. 그리고 장엄염불을 시작한다.)

원하오니 일생토록 일심으로	願我盡生無別念
아미타불 그모습만 따르리다	阿彌陀佛獨相隨
마음마다 옥호광에 매어두며	心心常係玉毫光
생각마다 금색상을 떠나잖고	念念不離金色相
염주잡아 법계관을 하여보니	我執念珠法界觀

허공줄이 하나되어 꿰뚫으며　　　虛空爲繩無不貫
평등사나 부처님이 두루하니　　　平等舍那無何處
서방정토 아미타불 친견하세　　　觀求西方阿彌陀
나무서방대교주　　　　　　　　南無西方大敎主
무량수여래불　　　　　　　　　無量壽如來佛
나무아미타불　　　　　　　　　南無阿彌陀佛

(시간이 허락하는 대로 "나무아미타불" 염불을 할 것)
(장엄염불편에서는 법주가 선창하면 대중은 후렴으로 "나무아미타불"을 합창하며, 한문게송은 별따로 해도 무방하다)

극락세계십종장엄 나무아미타불 極樂世界十種莊嚴

법장인행 서원으로 장엄하고 나무아미타불　法藏誓願修因莊嚴
사십팔원 원력으로 장엄하며 나무아미타불　四十八願願力莊嚴
미타명호 수광으로 장엄하고 나무아미타불　彌陀名號壽光莊嚴
세분스승 보배상호 장엄하며 나무아미타불　三大士觀寶像莊嚴
미타국토 안락으로 장엄하고 나무아미타불　彌陀國土安樂莊嚴
보배강물 공덕수로 장엄하며 나무아미타불　寶河淸淨德水莊嚴
보배누각 여의주로 장엄하고 나무아미타불　寶殿如意樓閣莊嚴

밤낮시간 길고길게 장엄하며 나무아미타불 晝夜長遠時分莊嚴
스물넷의 기쁨으로 장엄하고 나무아미타불 二十四樂淨土莊嚴
스른가지 공덕장엄 이루셨네 나무아미타불 三十種益功德莊嚴

자성미타유심정토 나무아미타불 自性彌陀唯心淨土

극락세계 만월같은 무량광불 나무아미타불 極樂堂前滿月容
옥호금색 허공계을 비추시니 나무아미타불 玉毫金色照虛空
누구든지 일념으로 칭명하면 나무아미타불 若人一念稱名號
무량공덕 순식간에 이루리라 나무아미타불 頃刻願成無量功

아미타불 어느곳에 계시는가 나무아미타불 阿彌陀佛在何方
마음깊이 새겨두고 잊지마소 나무아미타불 着得心頭切莫忘
생각생각 무념처에 이르러면 나무아미타불 念到念窮無念處
여섯문에 금색광명 나투리라 나무아미타불 六門常放紫金光

푸른산은 아미타불 법당이며 나무아미타불 靑山疊疊彌陀窟
망망대해 부처님의 보궁이요 나무아미타불 滄海茫茫寂滅宮
모든것은 마음따라 걸림없네 나무아미타불 物物拈來無罣碍
송정홍학 몇번이나 보았던가 나무아미타불 幾看松亭鶴頭紅

깊은산사 묵언으로 앉았으니 나무아미타불 山堂靜夜坐無言
고요함이 본래대로 자연인데 나무아미타불 寂寂寥寥本自然
어찌서풍 수숲속을 흔드는고 나무아미타불 何事西風動林野
기러기의 외마디가 사무치네 나무아미타불 一聲寒雁唳長天

흩어지는 모든사대 꿈만같고 나무아미타불 四大各離如夢中
육진심식 본래부터 공한지라 나무아미타불 六塵心識本來空
제불조사 빛낸곳을 알겠는가 나무아미타불 欲識佛祖回光處
해가지자 동쪽에서 달이뜨네 나무아미타불 日落西山月出東

부처님을 이마이고 진겁지나 나무아미타불 假使頂戴經塵劫
몸자리로 삼천세계 두루해도 나무아미타불 身爲狀座徧三千
불법전해 중생제도 하잖으면 나무아미타불 若不傳法度衆生
크신불은 끝내갚지 못하리라 나무아미타불 畢竟無能報恩者

원하오니 온법계의 모든중생 나무아미타불 願共法界諸衆生
아미타불 원력바다 들어가서 나무아미타불 同入彌陀大願海
미래제가 다하도록 중생제도 나무아미타불 盡未來際度衆生
자타일시 불도성취 이루오리 나무아미타불 自他一時成佛道

서방정토 극락세계에 계시는 삼십육만억 일십일만 구천

오백의 부처님들은 모두 아미타불과 이름이 같으시고, 모습이 하나이시며, 대자대비하신 아미타불이오니 그 부처님께 OOO영가는 귀의합니다.

(南無西方淨土 極樂世界 三十六萬億 一十一萬 九千五百 同名同號 大慈大悲 阿彌陀佛)

서방정토 극락세계 아미타불의 불신은 크고 넓으시며, 상호는 끝이 없고 금색광명이 온 우주 법계를 두루 비추시며, 사십팔원을 세우시어 중생을 제도하시니, 그 공덕은 이루 말할 수 없고 말을 바꾸어서도 다할 수 없나이다.

그 숫자는 항하강의 모래수와 같이 많고, 모든 불국토의 가는 티끌 수와도 같이 많으며, 논의 벼와 같고 삼대와도 같으며, 대나무 숲과도 같고, 갈대 숲과도 같이 한량없이 많으시며, 삼백육십만억 일십일만 구천오백의 부처님들께서는 모두 아미타불과 이름이 같으시고, 모습이 하나이시며, 대자대비하시고, 우리들의 스승이시며, 금색여래이신 아미타불이오니 그 부처님께 OOO영가는 귀의합니다.

(南無西方淨土 極樂世界 佛身長廣 相好無邊 金色光明 遍照法界 四十八願 度脫衆生 不可說 不可說轉 不可說 恒

河沙 佛刹未盡數 稻麻竹葦 無限極數 三百六十萬億 一十一萬 九千五百 同名同號 大慈大悲 我等導師 金色如來 阿彌陀佛)

　　나무문수보살　　　나무보현보살　　　나무관세음보살
　　나무대세지보살　　나무금강장보살　　나무제장애보살
　　나무미륵보살　　　나무지장보살
　　나무일체청정대해중보살마하살

　　시방삼세　부처님중　아미타불　제일이며
　　구품연대　마련하여　중생들을　건지시사
　　위엄공덕　무궁하신　아미타불　내가이제
　　귀의하고　신구의의　삼업죄를　참회하며
　　여러복과　착한공덕　지심으로　회향하리

　　지심으로　바라오니　염불하는　모든사람
　　이목숨이　다하연후　극락세계　태어나서
　　부처님을　친견하고　생사고를　벗어나며
　　부처님과　다름없이　일체중생　건지리다
　　(十方三世佛 阿彌陀第一 九品度衆生 威德無窮極 我今大歸依 懺悔三業罪 凡有諸福善 至心用回向 願同念佛人 盡生

極樂國 見佛了生死 如佛度一切)

바라오니 이내목숨 마칠때에	願我臨欲命終時
온갖장애 남김없이 없어지고	盡除一切諸障碍
아미타불 친견하여 만나뵈며	面見彼佛阿彌陀
안락찰에 왕생하길 원합니다	卽得往生安樂刹

바라오니 이와같은 공덕들이	願以此功德
모든곳에 두루두루 미치어서	普及於一切
나와남의 일체중생 더불어서	我等與衆生
미래세에 극락세계 태어나서	當生極樂國
하나같이 무량수불 친견하여	同見無量壽
모두함께 부처도를 이루리다	皆共成佛道

원하옵고 원하건데 ○○○불자가 극락세계
왕생하여 아미타불 친견하고 마정수기 받으리다
(願往生 願往生 願生極樂見彌陀 獲夢摩頂受記莂)

원하옵고 원하건데 ○○○불자가 미타회상
왕생하여 내손으로 향과꽃을 공양하길 원합니다
(願往生 願往生 願在彌陀會中座手執香華常供養)

원하옵고 원하건데 ○○○불자가 연화장에
왕생하여 너와내가 한날한시 성불하길 원합니다
(願往生願往生願生華藏蓮華界自他一時成佛道)

莊嚴念佛 (2)

(장엄염불을 하기 전에 정토삼부경 가운데 시간이 허락하면, 『무량수경』, 『관무량수경』, 『아미타경』 전부나 혹은 한 경전을 독송한다. 만약 시간이 부족하면 부분적으로 독송하여도 무방하다. 그리고 장엄염불을 시작한다.)

원하오니	일생토록	일심으로	願我盡生無別念
아미타불	그모습만	따르리다	阿彌陀佛獨相隨
마음마다	옥호광에	매어두며	心心常係玉毫光
생각마다	금색상을	떠나잖고	念念不離金色相
염주잡아	법계관을	하여보니	我執念珠法界觀
허공줄이	하나되어	꿰뚫으며	虛空爲繩無不貫
평등사나	부처님이	두루하니	平等舍那無何處
서방정토	아미타불	친견하세	觀求西方阿彌陀

나무서방대교주	南無西方大敎主
무량수여래불	無量壽如來佛
나무아미타불	南無阿彌陀佛

(시간이 허락하는 대로 "나무아미타불" 염불을 할 것)
(장엄염불편에서는 법주가 선창하면 대중은 후렴으로 "나무아미타불"을 합창하며, 한문게송은 별도로 해도 무방하다)

아미타불사십팔원 나무아미타불 阿彌陀佛四十八願

삼악도가 본래없길 서원하고	나무아미타불	惡趣無名願
삼악도에 불생하길 서원하며	나무아미타불	無墮惡道願
금색광명 현현하길 서원하고	나무아미타불	同眞金色願
하나같이 수승하길 서원하며	나무아미타불	形貌無差願
숙명통이 이뤄지길 서원하고	나무아미타불	成就宿命願
천안통이 얻어지길 서원하며	나무아미타불	生獲天眼願
천이통이 이뤄지길 서원하고	나무아미타불	生獲天耳願
타심통이 얻어지길 서원하며	나무아미타불	悉知心行願
신족통이 이뤄지길 서원하고	나무아미타불	神足超越願
누진통이 얻어지길 서원하며	나무아미타불	淨無我想願

정각세계 이뤄지길 서원하고　나무아미타불　決定正覺願
무량광명 비춰지길 서원하며　나무아미타불　光明普照願
무량수명 성취되길 서원하고　나무아미타불　壽量無窮願
성문연각 무수하길 서원하며　나무아미타불　聲聞無數願
중생수명 무량하길 서원하고　나무아미타불　衆生長壽願
좋은일만 있어지길 서원하며　나무아미타불　皆獲善名願
시방제불 찬탄받길 서원하고　나무아미타불　諸佛稱讚願
십념왕생 성취되길 서원하며　나무아미타불　十念往生願
임종시에 내영접인 서원하고　나무아미타불　臨終現前願
지심회향 극락왕생 서원하며　나무아미타불　回向皆生願
삼십이상 구족하길 서원하고　나무아미타불　具足妙相願
일생보처 성취되길 서원하며　나무아미타불　咸皆補處願
제불에게 공양하길 서원하고　나무아미타불　晨供他方願
마음대로 공양하길 서원하며　나무아미타불　所須滿足願
일체지로 연설하길 서원하고　나무아미타불　善入本智願
나라연신 얻어지길 서원하며　나무아미타불　那羅延身願
일체만물 장엄하길 서원하고　나무아미타불　莊嚴無量願
보배나무 알아보길 서원하며　나무아미타불　寶樹悉知願
변재지혜 성취되길 서원하고　나무아미타불　獲勝辯才願
변재지혜 무량하길 서원하며　나무아미타불　大辯無邊願
청정국토 비춰보길 서원하고　나무아미타불　國淨普照願

장엄국토 성취되길 서원하며   나무아미타불   無量勝音願
광명으로 중생구제 서원하고   나무아미타불   蒙光安樂願
이름듣고 총지얻길 서원하며   나무아미타불   成就總持願
여인몸을 벗어나길 서원하고   나무아미타불   永離女身願
이름듣고 성불하길 서원하며   나무아미타불   聞名至果願
천인들이 공경하길 서원하고   나무아미타불   天人敬禮願
생각대로 옷입기를 서원하며   나무아미타불   須衣隨念願
청정쾌락 누려지길 서원하고   나무아미타불   纔生心淨願
나무에서 불국보길 서원하며   나무아미타불   樹現佛刹願
모든육근 구족하길 서원하고   나무아미타불   無諸根缺願
삼매중에 제불공양 서원하며   나무아미타불   現證等持願
좋은가문 태어날길 서원하고   나무아미타불   聞生豪貴願
모든공덕 구족하길 서원하며   나무아미타불   具足善根願
모든부처 항상뵙길 서원하고   나무아미타불   供佛堅固願
원력대로 법문듣길 서원하며   나무아미타불   欲聞自聞願
보리자리 얻어지길 서원하고   나무아미타불   菩提無退願
삼법인을 얻어지길 서원하며   나무아미타불   現獲忍地願

관무량수경십육관법 나무아미타불 觀無量壽經十六觀法

지는해를 생각하는 관법하세   나무아미타불   日想觀

맑은물을 생각하는 관법하세　나무아미타불　水想觀
보배땅을 생각하는 관법하세　나무아미타불　寶地觀
보배나무 생각하는 관법하세　나무아미타불　寶樹觀
보배연못 생각하는 관법하세　나무아미타불　寶池觀
보배누각 생각하는 관법하세　나무아미타불　寶樓觀
연화대를 생각하는 관법하세　나무아미타불　華座觀
등상불을 생각하는 관법하세　나무아미타불　像想觀
여래진신 생각하는 관법하세　나무아미타불　眞身觀
관음보살 생각하는 관법하세　나무아미타불　觀音觀
세지보살 생각하는 관법하세　나무아미타불　勢至觀
자신왕생 생각하는 관법하세　나무아미타불　普觀
정토잡상 생각하는 관법하세　나무아미타불　雜想觀
상품극락 생각하는 관법하세　나무아미타불　上輩觀
중품극락 생각하는 관법하세　나무아미타불　中輩觀
하품극락 생각하는 관법하세　나무아미타불　下輩觀

세친보살오념문　나무아미타불　世親菩薩五念門

무량수불예배문　나무아미타불　無量壽佛禮拜門
무량광불찬탄문　나무아미타불　無量光佛讚歎門
아미타불작원문　나무아미타불　阿彌陀佛作願門

무량수불관찰문	나무아미타불	無量壽佛觀察門
무량광불회향문	나무아미타불	無量光佛廻向門
이십구종정토장엄	나무아미타불	二十九種淨土莊嚴
청정공덕성취장엄	나무아미타불	淸淨功德成就莊嚴
무량공덕성취장엄	나무아미타불	無量功德成就莊嚴
법성공덕성취장엄	나무아미타불	法性功德成就莊嚴
형상공덕성취장엄	나무아미타불	形相功德成就莊嚴
제사공덕성취장엄	나무아미타불	諸事功德成就莊嚴
묘색공덕성취장엄	나무아미타불	妙色功德成就莊嚴
접촉공덕성취장엄	나무아미타불	接觸功德成就莊嚴
삼종공덕성취장엄	나무아미타불	三種功德成就莊嚴
화우공덕성취장엄	나무아미타불	華雨功德成就莊嚴
광명공덕성취장엄	나무아미타불	光明功德成就莊嚴
묘성공덕성취장엄	나무아미타불	妙聲功德成就莊嚴
주불공덕성취장엄	나무아미타불	主佛功德成就莊嚴
권속공덕성취장엄	나무아미타불	眷屬功德成就莊嚴
수용공덕성취장엄	나무아미타불	受用功德成就莊嚴
무난공덕성취장엄	나무아미타불	無難功德成就莊嚴
대의공덕성취장엄	나무아미타불	大義功德成就莊嚴

소구공덕성취장엄　　나무아미타불　　所求功德成就莊嚴
불좌공덕성취장엄　　나무아미타불　　佛座功德成就莊嚴
신업공덕성취장엄　　나무아미타불　　身業功德成就莊嚴
구업공덕성취장엄　　나무아미타불　　口業功德成就莊嚴
심업공덕성취장엄　　나무아미타불　　心業功德成就莊嚴
대중공덕성취장엄　　나무아미타불　　大衆功德成就莊嚴
상수공덕성취장엄　　나무아미타불　　上首功德成就莊嚴
교주공덕성취장엄　　나무아미타불　　教主功德成就莊嚴
주지공덕성취장엄　　나무아미타불　　住持功德成就莊嚴
부동공덕성취장엄　　나무아미타불　　不動功德成就莊嚴
일염공덕성취장엄　　나무아미타불　　一念功德成就莊嚴
공양공덕성취장엄　　나무아미타불　　供養功德成就莊嚴
여불공덕성취장엄　　나무아미타불　　如佛功德成就莊嚴

극락세계십종장엄 나무아미타불　　極樂世界十種莊嚴

법장인행 서원으로 장엄하고 나무아미타불 法藏誓願修因莊嚴
사십팔원 원력으로 장엄하며 나무아미타불 四十八願願力莊嚴
미타명호 수광으로 장엄하고 나무아미타불 彌陀名號壽光莊嚴
세분스승 보배상호 장엄하며 나무아미타불 三大士觀寶像莊嚴
미타국토 안락으로 장엄하고 나무아미타불 彌陀國土安樂莊嚴

보배강물 공덕수로 장엄하며 나무아미타불　寶河淸淨德水莊嚴
보배누각 여의주로 장엄하고 나무아미타불　寶殿如意樓閣莊嚴
밤낮시간 길고길게 장엄하며 나무아미타불　晝夜長遠時分莊嚴
스물넷의 기쁨으로 장엄하고 나무아미타불　二十四樂淨土莊嚴
스른가지 공덕장엄 이루셨네 나무아미타불　三十種益功德莊嚴

원효미타증성게　나무아미타불　　元曉彌陀證性偈

지난과거 구원세의 먼옛날에 나무아미타불　乃往過去久遠世
높은스승 법장비구 계셨는데 나무아미타불　有一高士號法藏
처음으로 무상보리 마음내어 나무아미타불　初發無上菩提心
세속떠나 도에들어 상을깨고 나무아미타불　出俗入道破諸相
한마음에 두상없음 알았것만 나무아미타불　雖知一心無二相
고해중생 애민하게 여기시어 나무아미타불　以愍群生沒苦海
크나크신 사십팔원 세우시고 나무아미타불　起六八大超誓願
정업닦아 모든예토 여의었네 나무아미타불　具修淨業離諸穢

아미타불찬탄송　나무아미타불　　阿彌陀佛讚嘆頌

자마금색 아미타불 상호갖춰 나무아미타불　阿彌陀佛眞金色
단정하길 비길바가 없느니라 나무아미타불　相好端嚴無等倫

백호광명	수미산에	가득하며	나무아미타불	白毫宛轉五須彌
바다같이	맑고푸른	불안이여	나무아미타불	紺目澄淸四大海
광명속에	무수억의	화신불과	나무아미타불	光中化佛無數億
화신보살	무리들도	무량무변	나무아미타불	化菩薩衆亦無邊
마흔여든	서원으로	중생제도	나무아미타불	四十八願度衆生
구품연대	중생들의	왕생극락	나무아미타불	九品含靈登彼岸
제불보살	예배찬탄	공덕으로	나무아미타불	以此禮讚佛功德
법계장엄	갖추어서	중생제도	나무아미타불	莊嚴法界濟有情
임종염불	공덕으로	왕생서방	나무아미타불	臨終悉願往西方
모두함께	미타친견	성불하니	나무아미타불	共覩彌陀成佛道
서방정토	극락세계	연못속은	나무아미타불	極樂世界蓮池中
수레같은	구품연화	가득하며	나무아미타불	九品蓮華如車輪
장육미타	금색신이	우뚝한데	나무아미타불	彌陀丈六金軀身
왼손가슴	오른손은	내리고서	나무아미타불	左手當胸右手垂
푸른옷에	붉은가사	입으셨네	나무아미타불	綠羅衣上紅袈裟
금색얼굴	백옥털의	미간이며	나무아미타불	金面眉間白玉毫
좌우보처	관음세지	거느리고	나무아미타불	左右觀音大勢至
둘러쌓인	장엄속을	체관하세	나무아미타불	侍立莊嚴審諦觀
관음보살	대성인에	귀의하니	나무아미타불	歸命聖者觀自在
그몸매는	황금산의	담복화요	나무아미타불	身若金山薝蔔花
세지보살	대성인에	귀의하니	나무아미타불	歸命聖者大勢至

그몸매로 지혜광명 인연비춰 나무아미타불　身智光明照有緣
세성인이 갖춘공덕 모두하면 나무아미타불　三聖所有功德聚
티끌모래 허공보다 많으리라 나무아미타불　數越塵沙大若空
시방제불 모두찬탄 하사오니 나무아미타불　十方諸佛咸讚嘆
누진겁이 다하여도 모자라네 나무아미타불　塵劫不能窮少分
내가이제 공경예배 하나이다 나무아미타불　是故我今恭敬禮

고성염불십종공덕 나무아미타불　高聲念佛十種功德

일자공덕 모든잠을 쫓아내며 나무아미타불　一者功德能排睡眠
이자공덕 하늘마군 놀라면서 나무아미타불　二者功德天魔驚怖
삼자공덕 시방세계 소리가득 나무아미타불　三者功德聲遍十方
사자공덕 삼악도의 고통쉬며 나무아미타불　四者功德三途息苦
오자공덕 바깥소리 들리잖고 나무아미타불　五者功德外聲不入
육자공덕 염불속에 산란없네 나무아미타불　六者功德念心不散
칠자공덕 용맹정진 하여지고 나무아미타불　七者功德勇猛精進
팔자공덕 제불보살 기쁘하네 나무아미타불　八者功德諸佛歡喜
구자공덕 삼매현전 하여지며 나무아미타불　九者功德三昧現前
십자공덕 서방정토 왕생하세 나무아미타불　十者功德往生淨土

자성미타유심정토 나무아미타불 自性彌陀唯心淨土

극락세계 만월같은 무량광불 나무아미타불　極樂堂前滿月容
옥호금색 허공계을 비추시니 나무아미타불　玉毫金色照虛空
누구든지 일념으로 칭명하면 나무아미타불　若人一念稱名號
무량공덕 순식간에 이루리라 나무아미타불　頃刻願成無量功

아미타불 어느곳에 계시는가 나무아미타불　阿彌陀佛在何方
마음깊이 새겨두고 잊지마소 나무아미타불　着得心頭切莫忘
생각생각 무념처에 이르러면 나무아미타불　念到念窮無念處
여섯문에 금색광명 나투리라 나무아미타불　六門常放紫金光

푸른산은 아미타불 법당이며 나무아미타불　靑山疊疊彌陀窟
망망대해 부처님의 보궁이요 나무아미타불　滄海茫茫寂滅宮
모든것은 마음따라 걸림없네 나무아미타불　物物拈來無罣碍
송정홍학 몇번이나 보았던가 나무아미타불　幾看松亭鶴頭紅

깊은산사 묵언으로 앉았으니 나무아미타불　山堂靜夜坐無言
고요함이 본래대로 자연인데 나무아미타불　寂寂寥寥本自然
어찌서풍 수숲속을 흔드는고 나무아미타불　何事西風動林野
기러기의 외마디가 사무치네 나무아미타불　一聲寒雁唳長天

흩어지는 모든사대 꿈만같고 나무아미타불　四大各離如夢中
육진심식 본래부터 공한지라 나무아미타불　六塵心識本來空
제불조사 빛낸곳을 알겠는가 나무아미타불　欲識佛祖回光處
해가지자 동쪽에서 달이뜨네 나무아미타불　日落西山月出東

부처님을 이마이고 진겁지나 나무아미타불　假使頂戴經塵劫
몸자리로 삼천세계 두루해도 나무아미타불　身爲狀座徧三千
불법전해 중생제도 하잖으면 나무아미타불　若不傳法度衆生
크신불은 끝내갚지 못하리라 나무아미타불　畢竟無能報恩者

원하오니 온법계의 모든중생 나무아미타불　願共法界諸衆生
아미타불 원력바다 들어가서 나무아미타불　同入彌陀大願海
미래제가 다하도록 중생제도 나무아미타불　盡未來際度衆生
자타일시 불도성취 이루오리 나무아미타불　自他一時成佛道

　서방정토 극락세계에 계시는 삼십육만억 일십일만 구천오백의 부처님들은 모두 아미타불과 이름이 같으시고, 모습이 하나이시며, 대자대비하신 아미타불이오니 그 부처님께 OOO영가는 귀의합니다.
　(南無西方淨土 極樂世界 三十六萬億 一十一萬 九千五百

同名同號 大慈大悲 阿彌陀佛)

　서방정토 극락세계 아미타불의 불신은 크고 넓으시며, 상호는 끝이 없고 금색광명이 온 우주 법계를 두루 비추시며, 사십팔원을 세우시어 중생을 제도하시니, 그 공덕은 이루 말할 수 없고 말을 바꾸어서도 다할 수 없나이다.

　그 숫자는 항하강의 모래와 같이 많고, 모든 불국토의 가는 티끌 수와도 같이 많으며, 논의 벼와 같고 삼대와도 같으며, 대나무 숲과도 같고, 갈대 숲과도 같이 한량없이 많으시며, 삼백육십만억 일십일만 구천오백의 부처님들께서는 모두 아미타불과 이름이 같으시고, 모습이 하나이시며, 대자대비하시고, 우리들의 스승이시며, 금색여래이신 아미타불이오니 그 부처님께 ○○○영가는 귀의합니다.

　(南無西方淨土 極樂世界 佛身長廣 相好無邊 金色光明 遍照法界 四十八願 度脫衆生 不可說 不可說轉 不可說 恒河沙 佛刹未盡數 稻麻竹葦 無限極數 三百六十萬億 一十一萬 九千五百 同名同號 大慈大悲 我等導師 金色如來 阿彌陀佛)

높은정상 모두다를 볼수없는 아미타불 南無無見頂上相阿彌陀佛

정상위에 육계상이 우뚝하신 아미타불 南無頂上肉髻相阿彌陀佛
푸른유리 머리색깔 갖추으신 아미타불 南無髮紺琉璃相阿彌陀佛
눈섭사이 백호상을 갖추으신 아미타불 南無眉間白毫相阿彌陀佛
수양버들 속눈섭을 갖추으신 아미타불 南無眉細垂楊相阿彌陀佛
청정하신 안목으로 중생제도 아미타불 南無眼目淸淨相阿彌陀佛
모든성중 소리듣고 제도하신 아미타불 南無耳聞諸聖相阿彌陀佛
높고바른 코의모습 거룩하신 아미타불 南無鼻高圓直相阿彌陀佛
법라같은 혀를갖춰 설법하신 아미타불 南無舌大法螺相阿彌陀佛
진금색신 두루갖춘 귀의대상 아미타불 南無身色眞金相阿彌陀佛

나무내영접인　임종행자 십이광여래불
나무무량광여래불　나무무변광여래불
나무무애광여래불　나무무대광여래불
나무염왕광여래불　나무청정광여래불
나무환희광여래불　나무지혜광여래불
나무부단광여래불　나무난사광여래불
나무무칭광여래불　나무초일월광여래불

나무내영접인　임종행자　이십오보살
나무관세음보살　나무대세지보살　나무약왕보살
나무약상보살　나무보현보살　나무법자재보살
나무사자후보살　나무다라니보살　나무허공장보살

나무덕장보살　　나무보장보살　　나무금광장보살
나무금강장보살　나무광명왕보살　나무산해혜보살
나무화엄왕보살　나무중보왕보살　나무월광왕보살
나무일조왕보살　나무삼매왕보살　나무정자재왕보살
나무대자재왕보살　나무백상왕보살　나무대위덕왕보살
나무무변신왕보살

나무문수보살　　나무보현보살　　나무관세음보살
나무대세지보살　나무금강장보살　나무제장애보살
나무미륵보살　　나무지장보살
나무일체청정대해중보살마하살

시방삼세 부처님중 아미타불 제일이며
구품연대 마련하여 중생들을 건지시사
위엄공덕 무궁하신 아미타불 내가이제
귀의하고 신구의의 삼업죄를 참회하며
여러복과 착한공덕 지심으로 회향하리

지심으로 바라오니 염불하는 모든사람
이목숨이 다하연후 극락세계 태어나서
부처님을 친견하고 생사고를 벗어나며

부처님과 다름없이 일체중생 건지리다
(十方三世佛 阿彌陀第一 九品度衆生 威德無窮極 我今大歸依 懺悔三業罪 凡有諸福善 至心用回向 願同念佛人 盡生極樂國 見佛了生死 如佛度一切)

바라오니 이내목숨 마칠때에　　願我臨欲命終時
온갖장애 남김없이 없어지고　　盡除一切諸障碍
아미타불 친견하여 만나뵈며　　面見彼佛阿彌陀
안락찰에 왕생하길 원합니다　　卽得往生安樂刹

바라오니 이와같은 공덕들이　　願以此功德
모든곳에 두루두루 미치어서　　普及於一切
나와남의 일체중생 더불어서　　我等與衆生
미래세에 극락세계 태어나서　　當生極樂國
하나같이 무량수불 친견하여　　同見無量壽
모두함께 부처도를 이루리다　　皆共成佛道

원하옵고 원하건데 ○○○불자가 극락세계
왕생하여 아미타불 친견하고 마정수기 받으리다
(願往生 願往生 願生極樂見彌陀 獲夢摩頂 受記莂)

원하옵고 원하건데 OOO불자가 미타회상
왕생하여 내손으로 향과꽃을 공양하길 원합니다
(願往生 願往生 願在彌陀會中座 手執香華 常供養)

원하옵고 원하건데 OOO불자가 연화장에
왕생하여 너와내가 한날한시 성불하길 원합니다
(願往生 願往生 願生華藏蓮華界 自他一時 成佛道)

색 인

(ㄱ)

가락존자(嘉樂尊者) 15
가루다이(迦留陀夷) 260
가릉빈가(迦陵頻伽) 266
가야가섭존자(伽耶迦葉尊者) 14
강승개(康僧鎧) 11
강양야사(畺良耶舍) 185
건다하제보살(乾陀訶提菩薩) 261
겁빈나존자(劫賓那尊者) 14
겁수(劫水) 167
견고원(堅固願) 80
견복존자(堅伏尊者) 15
견숙가보(甄叔迦寶) 214
계념(繫念) 198
관세음보살(觀世音菩薩) 103, 110, 223, 224, 226, 227, 228, 230, 232, 233, 234, 235, 238, 243, 244, 245, 247, 249, 250, 251, 252, 281
공명조(共命鳥) 266
공삼매(空三昧) 23, 121
교령(敎令) 151
교범바제(憍梵波提) 13, 260
구경원(究竟願) 81
구구(久久) 136
구족존자(具足尊者) 13
금시조(金翅鳥) 118
기바(耆婆) 191, 192
기사굴산 12, 188, 193, 194, 253

기수급고독원(祇樹給孤獨園) 258
길상초(吉祥草) 19

(ㄴ)

나라연신(那羅延身) 51
나망(羅網) 263, 268
나운존자(羅云尊者) 16
나유타 43, 44, 45, 46, 75, 182, 220, 221, 223
나제가섭존자(那提迦葉尊者) 14
난타(難陀) 259
내영도(來迎圖) 280
노호저돌(魯扈抵突) 155
누진통(漏盡通) 45
니구류수 118

(ㄷ)

다라니(總持) 24, 54
다타아가도아라하삼약삼불타(多陀阿伽度 阿羅訶 三貌三佛陀) 217
당번(幢幡) 68, 90, 203, 204, 208, 214, 215
대목건련존자(大目揵連尊者) 14
대세지보살(大勢至菩薩) 110, 218, 227, 228, 229, 230, 232, 234, 235, 238, 243, 244, 245, 247, 249, 250, 251, 252, 281
대승광지(大乘廣智) 171

대정지존자(大淨志尊者) 14
대주존자(大住尊者) 14
대호존자(大號尊者) 13
도리천(忉利天) 70, 170, 195
도현전승물(盜現前僧物) 246

(ㄹ)

라후라(羅睺羅) 16, 259, 260
리바다(離婆多) 259

(ㅁ)

마하가섭(摩訶迦葉) 14, 259
마하가섭존자(摩訶迦葉尊者) 14
마하가전연(摩訶迦旃延) 259
마하겁빈나(摩訶劫賓那) 260
마하구치라(摩訶俱絺羅) 259
마하목건련(摩訶目犍連) 259
마하주나존자(摩訶周那尊者) 15
만원자존자(滿願子尊者) 15
만족원(滿足願) 80
면래세색(眄睞細色) 149
면왕존자(面王尊者) 15
멸진삼매(滅盡三昧) 91
명료원(明了願) 80
명문존자(名聞尊者) 13
묘덕보살(妙德菩薩) 16
무견정상(無見頂相) 225
무등무륜최상승지(無等無倫最上勝智) 171
무량수불(無量壽佛) 71, 72, 73, 74, 75, 79, 80, 96, 97, 98, 99, 100, 101, 102, 103, 113, 136, 137, 138, 166, 167, 169, 172, 175, 181, 212, 220, 221, 222, 223, 228, 230, 231, 248, 251, 252, 253, 273
무상삼매(無相三昧) 23, 121
무상정각(無上正覺) 38
무생법인(無生法忍) 54, 60, 79, 80, 84, 111, 201, 222, 234, 237, 250, 298
무연자비(無緣慈悲) 222
무원삼매(無願三昧) 23, 121
문수사리법왕자(文殊舍利法王子) 188, 260

(ㅂ)

박구라(薄拘羅) 15, 260
발두마화(鉢頭摩華) 228
방(傍) 151
백련(白蓮) 67, 252, 265
백법명문(百法明門) 239
백호(白毫) 220
범마니보(梵摩尼寶) 214
법계신(法界身) 216
법보시(法布施) 120
법장비구 30, 31, 37, 38, 39, 40, 41, 42, 60, 63, 64, 215, 243
보등삼매(普等三昧) 59
보현보살(普賢菩薩) 16, 17, 50, 294
본원력(本願力) 80, 105, 293
부정설법(不淨說法) 246
부정취(不定聚) 96
분타리화(分陀利華) 83, 252, 265

불가사의지(不可思議智) 171
불가칭지(不可稱智) 171
불지(佛智) 171
불퇴전(不退轉) 59, 60, 175, 176, 178, 237
비타론경(毘陀論經) 191
빈두로파라타(賓頭盧頗羅墮) 260

(ㅅ)

사대 288
사대해(四大海) 220
사리불(舍利弗) 13, 14, 259, 262, 263, 265, 266, 267, 268, 269, 270, 271, 272, 273, 274, 275, 276, 277, 278
사리불존자(舍利弗尊者) 14
사리새 266
사유(思惟) 40, 72, 80, 197
사정취(邪定聚) 96
사중(四衆) 137
삼계(三界) 28, 63, 116, 136, 284, 298
삼고(三苦) 21
삼구(三垢) 62, 120
삼명통(三明通) 115
삼법인(三法忍) 60, 80
32상 216, 225
삼천대천세계(三千大天世界) 63, 110, 112, 180, 221, 272, 273, 274, 287
상정진보살(常精進菩薩) 261
석가비능가보(釋迦毘楞伽寶) 213
석가비릉가마니(釋迦毘楞伽摩尼) 207

석제환인(釋提桓因) 261
선래존자(善來尊者) 15
선실존자(善實尊者) 13
성문(聲聞) 23, 46, 73, 74, 75, 83, 85, 86, 90, 100, 107, 110, 112, 113, 121, 122, 167, 172, 173, 183, 269
세자재왕여래(世自在王如來) 31, 32
수미산(須彌山) 69, 70, 71, 116, 167, 194, 195, 196, 214, 220, 287
수석(守惜) 149
수타원(須陀洹) 242
숙명통(宿命通) 43, 111,
시자(侍者) 221, 224
시천(廝賤) 149
신명(神明) 142, 156
신족통(神足通) 45
심우소지(心愚少智) 147
십선업(十善業) 199
십이부경(十二部經) 230

(ㅇ)

아나함과(阿那含果) 183, 198
아난존자(阿難尊者) 16, 26, 193, 194
아난타(阿難陀) 260
아누루타(阿累樓陀) 260
아라한(阿羅漢) 48, 156, 183, 242, 258, 269
아미타불(阿彌陀佛) 68, 98, 111, 166, 197, 198, 201, 231, 232, 233, 234, 235, 237, 240, 241, 242, 246, 248, 262, 267, 268, 269, 270, 271, 272, 275, 280, 281, 293, 295, 296, 297, 300, 301, 303

아비발치(阿鞞跋致) 175, 269
아일다보살(阿逸多菩薩) 261
안양국(安養國) 105, 106, 122
연각(緣覺) 23, 46, 73, 74, 121
연동지류(蠕動之類) 135
연화(蓮華) 264
열반(涅槃) 30, 68, 135, 137, 139, 141, 144, 148, 151, 154, 159, 161, 168, 181, 285, 287, 290
염부단금(閻浮檀金) 208, 217, 224
염부제(閻浮提) 195
염불삼매(念佛三昧) 220, 222
오근(五根) 266
오덕(五德) 164
오도(五道) 137, 157
오력(五力) 266
오소(五燒) 140, 141
오악(五惡) 122, **140**, 141
오역죄(五逆罪) 48, 96, 240, 248,
오음(五音) 78
오체(五體) 56, **166**, 196
오취(五趣) 137
오탁악세(五濁惡世) 111, 140, 276, 277
오통(五痛) 140, 141,
왕열(尪劣) 149
요본제존자(了本際尊者) 12
우루빈나가섭존자(優樓頻蠃迦葉尊者) 14
우발라화(優鉢羅華) 67, 83
우왕존자(牛王尊者) 13
원가(元嘉) 185
원광(圓光) 221, 222, 224, 232

위신력(威神力) 36, 71, 73, 74, **80**, 96, 100, 110, 111, 134, 161, 200, 201, 246, 285
위의(威儀) 26, 89, **199**, 241
위제희(韋提希) 189, 190, 193, 194, 195, 197, 198, 199, 200, 201, 202, 206, 212, 213, 216, 220, 223, 231, 232, 239, 243, 245, 247, 250, 253
유관존자(流灌尊者) 15
유순인(柔順忍) **60**, 80,
육계(肉鷄) 223, 225, 228
육바라밀(六波羅蜜) 17, **66**, 121
육신통(六神通) 12, 115, 121, 240
육염(六念) 233
육욕천주(六欲天主) 67
육종진동(六種震動) 18
육축(六畜) 124, 125
육화경(六和敬) 119
음향인(音響忍) 60
이구존자(離垢尊者) 13
이백십억(二百十億) 40, 41
이승존자(異乘尊者) 15
이장애존자(離障閡尊者) 15
인성존자(仁性尊者) 15
인현존자(仁賢尊者) 13
일생보처(一生補處) 49, **109**, 269

(ㅈ)

자씨보살(慈氏菩薩) 16
자씨보살(慈氏菩薩) 168
전륜성왕(轉輪聖王) 67, 81, 90, 173,

174, 216
전타라(栴陀羅) 192
정거천(淨居天) 168
정광여래(錠光如來) 30, 293
정수(正受) 197
정어존자(正語尊者) 13
정원존자(正願尊者) 13
정인(正因) 199
정정취(正定聚) 46, 96
정편지해(正徧知海) 217
제바달다(提婆達多) 195
제일의제(第一義諦) 236, 237
조위(曹魏) 11
주리반타가(周利槃陀伽) 259
진인(眞人) 156

(ㅊ)

차수(叉手) 236
찰리종(刹利種) 192
참적(讒賊) 151
천관(天冠) 224, 226, 227
천안통(天眼通) 44, 201
천이통(天耳通) 44
천폭륜상(千輻輪相) 225
청련(靑蓮) 264
체관(諦觀) 198
칠각지(七覺支) 115,
칠보(七寶) 76, 81, 83, 86, 97, 113, 172, 173, 196, 203, 204, 208, 213,. 218, 228, 236, 238, 241, 247, 263, 298
칠보리분(七菩提分) 266

(ㅌ)

타심통(見他心智) 44
태생(胎生) 170
투승지물(偸僧祇物) 246

(ㅍ)

팔계(八戒) 190
팔공덕수(八功德水) 82
팔공덕수(八功德水) 210, 263
팔부대중(八部大衆) 64
80수형호 216
팔정도(八正道) 267
팔지수(八池水) 209
팔해탈(八解脫) 241

(ㅎ)

항하사 50, 72, 96, 220, 221
행원(行願) 17
호념(護念) 22, 272, 273, 275
호세천(護世天) 194
홍련(紅蓮) 67, 265
화생(化生) 171, 97
화신불(化身佛) 221
환희지(歡喜地) 239
황련(黃蓮) 265

■ 譯者 略歷

韓普光(泰植)

- 경북 경주시 모량리에서 출생
- 경주 분황사에서 득도
- 동국대학교 불교학과 및 대학원 졸업
- 일본 불교대학에서 문학박사 취득
- 일본 경도대학 인문과학연구소 연구원
- 동국대학교 정각원장, 대외협력처장, 동국대학교 불교대학장, 불교대학원장, EBTI(국제전자불전협회) 회장, 동국대학교 전자불전문화콘텐츠연구소장, 동국대학교 불교학술원장 역임
- 국가인권위원회 인권위원 역임
- 대한불교조계종 화쟁위원회 위원 역임
- 청계산 정토사 주지 역임

■ 현재
- 대각사상연구원장
- 한국정토학회 명예회장
- 일본 인도불교학회 이사
- 동국역경원 원장
- 청계산 정토사 회주
- 조계종 장학위원회 위원장
- 문화재청 문화재위원(근대문화재분과)
- 제18대 동국대학교 총장

■ 著書 및 譯書

『龍城禪師研究』, 『淨土敎槪論』(坪井俊映 著)
『新羅淨土思想の硏究(일본판),
『禪과 日本文化』(柳田聖山 著),
『信仰結社硏究』,
『禪淨雙修의 展開』(藤吉滋海 著),
『日本禪의 歷史』, 『淨土三部經』,
『般舟三昧經』,
『譯註 正法眼藏 講義』 第1, 2권 등

■ 論文
- 「延壽門下의 高麗修學僧에 대하여」
- 「來迎院本의 遊心安樂道에 대하여」
- 「念佛의 實踐方法에 관한 硏究」 등 150여 편이 있음.

■ 受賞
- 日本印度學佛敎學會賞(1991)
- 동국대 Best Teaching Award 수상
- 불교대학 Best Teaching Professor 수상(2013)
- 동국대 우수교원상(산학협력부문, 연구비) Best Professor 수상(2014)
- TV조선경영대상(참교육부문, 2016.7)
- 한국대학신문대상(교육콘텐츠 우수대학, 2017.10)
- 고용노동부, 동아일보 공동 주최 베스트 푸레티스상(청년드림 창업분야 최고실천대학, 2017.12)
- 동국대학 30년 장기근속상(2018.5)

정토삼부경

정가 20,000원

佛紀 2544年(2000) 7月 25日 初版
佛紀 2562年(2018) 10月 15日 10版
역　자 : 韓普光
발행인 : 韓普光
인쇄처 : 대명피엔피컴 02)722-0586
발행처 : 여래장
발행처 주소 : 경기도 성남시 수정구 옛골로42번길 3
전　화 : 031) 723-9797 FAX 031) 723-9798
http://www.jungto.or.kr
보급처 : 서울시 서초구 반포대로14길 36 현대전원오피스텔 201호
전　화 : 02)581-3137~8 E-mail : taegak@naver.com

ISBN 89-950861-5-7 93220
登錄日 : 1999. 4. 26 / 登錄番號 : 1-20號